B1

Les clés du nouveau DELF

Tout pour réussir le DELF nouvelle formule

Editions Maison des Langues, Paris

Les clés du nouveau DELF : une collection pour s'entraîner au DELF, nouvelle formule

Depuis 1985, le Diplôme d'études de langue française (DELF) est une référence dans le monde entier pour certifier les connaissances en français. Ce diplôme a évolué avec le temps, et le Centre International d'Études Pédagogiques (CIEP), établissement public du Ministère de l'Éducation nationale français, l'a actualisé pour l'harmoniser avec le Cadre Européen Commun de Référence pour les Langues (CECR). Ainsi, les nouvelles épreuves du DELF (en vigueur depuis septembre 2005) comptent dorénavant 4 étapes indépendantes (A1, A2, B1, B2) suivies du DALF (C1 et C2).

L'équipe d'auteurs, rejointe par Marion Mistichelli, responsable des certifications DELF-DALF en Italie, a donc pris en compte ces changements pour proposer un manuel qui veut aller plus loin que le simple entraînement à l'examen. Son nom, ***Les Clés du nouveau DELF B1***, n'est d'ailleurs pas anodin : il s'agit bien d'apporter non seulement des exercices et des tests, mais également de nombreuses remarques d'usage de la langue et surtout des conseils (ou clés) pour aborder chacune des épreuves.

Tableau d'équivalence entre ancien et nouveau DELF

ANCIEN DELF	CECR	NOUVEAU DELF	DURÉE DES ÉPREUVES
A1 A2	A1 Découverte	A1	1h20
A1-A2 A3 A1-A3 A1-A4 A2-A3 A2-A4	A2 Survie	A2	1h40
A3-A4	B1 Seuil	B1	1h45
A5-A6	B2	B2	2h30

Les clés du nouveau DELF : une structure simple et efficace

Ce manuel contient **5 unités thématiques** comprenant chacune :

- *Des rubriques lexicales et grammaticales* : dans les premières pages de chaque unité, l'utilisateur du manuel trouvera des activités regroupées autour de thèmes (cinq au total) pour réviser ou appronfondir en contexte les aspects lexicaux et grammaticaux élémentaires requis pour le niveau B1 du CECR. En marge de ces activités, chacune des rubriques comprend des encadrés « Pense-bêtes » sur des aspects précis de la langue écrite ou orale (usage de langue, remarque civilisationnelle, etc.). La plupart des activités peuvent se faire individuellement à l'écrit . Certaines peuvent être aussi réalisées par groupes de deux à l'oral .

  À la fin de la rubrique grammaticale, vous trouverez un *mémento* permettant de visualiser rapidement les formes travaillées dans l'unité.

- *Des textes audio et écrits* : le niveau B1 requiert une certaine aisance pour comprendre des documents authentiques. Ces textes doivent vous permettre de vous entraîner à repérer des informations précises dans des domaines variés et de savoir prendre une décision ou réagir en fonction de son contenu. Tous les textes de cette rubrique audio sont dans le CD du livre de l'élève.

- Cinq *Épreuves d'entraînement au DELF B1* : chaque unité comprend un examen d'entraînement divisé selon les quatre épreuves de l'examen. Elle propose, pour chaque partie de l'examen, les clés sur la façon d'aborder un exercice (les clés de l'entretien dirigé, les clés de l'extrait de presse, etc.) et sur la façon dont le candidat sera évalué. Chaque examen DELF d'entraînement permet aussi d'aller plus loin dans le réemploi des formes lexicales et grammaticales de l'unité en question.

6 examens complets : vous touverez six examens complets (trois DELF et trois DELF scolaires) qui reproduisent des exercices basés sur le modèle de ceux du CIEP.

C'est donc un total de **11 examens** d'entraînement au DELF que vous proposent ***Les Clés du nouveau DELF B1*** : Tirez-en profit !

Tableau récapitulatif des épreuves du DELF B1, nouvelle formule

NATURE DES ÉPREUVES	DURÉE	NOTE SUR
COMPRÉHENSION DE L'ORAL (CO) Réponse à des questionnaires de compréhension portant sur trois documents enregistrés (2 écoutes). Durée maximale des documents : 5 min.	25 min. environ	25
COMPRÉHENSION DES ÉCRITS (CE) Réponse à des questionnaires de compréhension portant sur deux documents écrits : · dégager des informations utiles par rapport à une tâche donnée, · analyser le contenu d'un document d'intérêt général.	35 min.	25
PRODUCTION ÉCRITE (PE) Expression d'une attitude personnelle sur un thème général (essai, courrier, article…).	45 min.	25
PRODUCTION ORALE (PO) Épreuve en trois parties : · entretien dirigé · exercice en interaction · expression d'un point de vue à partir d'un document déclencheur	15 min. environ (10 min. de préparation pour la 3ème partie)	25
Seuil de réussite pour obtenir le diplôme : 50/100 **Note minimale requise (pour chaque épreuve) : 5/25**	**Durée totale des épreuves : 1 h 45**	**Note totale 100**

Les clés du nouveau DELF : agréable et motivant

Dans ce livre, nous n'avons pas voulu perdre de vue deux aspects fondamentaux qui rendent plus efficace l'entraînement à un examen : la motivation et le plaisir des yeux. C'est pourquoi nous proposons des exercices impliquant réellement le candidat, avec une présentation graphique agréable et en couleur.

Enfin, les professeurs trouveront des informations complémentaires, des conseils d'évaluation, les solutions des exercices et le CD contenant tous les documents audio (avec les transcriptions) dans les *Clés du nouveau DELF B1, guide du professeur*.

Il ne nous reste plus qu'à souhaiter que ces *Clés du nouveau DELF* vous ouvrent la porte du succès à ce prestigieux examen.

Bonne chance !

LES AUTEURS

Table des matières

Les examens commentés, les solutions, les transcriptions et un CD figurent dans le *Guide du professeur*.

Les clés pour parler de...

la presse et autres médias

1

DANS CETTE UNITÉ, NOUS ALLONS PARLER DE LA PRESSE ET DES AUTRES MÉDIAS, DE NOS LOISIRS ET NOS CENTRES D'INTÉRÊT

Les clés pour
- **parler des médias (journaux, télé, etc.)**
- **parler de nos centres d'intérêt**
- **parler des nouvelles technologies**

Les clés pour bien utiliser
- **les pronoms possessifs, relatifs et démonstratifs**
- **la mise en relief**
- **la voix passive**

Entraînement au DELF B1. Les clés
- **du bulletin de radio (CO)**
- **de la description** (lire pour s'orienter) **(CE)**
- **de la lettre amicale (PE)**
- **de l'entretien dirigé (PO)**

1 | Parler de spectacles

A Trouvez sur le site Internet de Billetterie.net :

une pièce de théâtre ....
un spectacle grand public ....
un « one-man show » ....
un concert de rock ....
une exposition d'art ....
un événement sportif ....

http://www.billetterie.net

Getting Started · Latest Headlines · Apple España · Yahoo! · Noticias · ELPAIS.es: El diario... · Madonna

Billetterie.net

ACCUEIL · RETRAIT MAGASINS · AIDE / FAQ · CONTACT

RECHERCHER : (une salle, un artiste, un spectacle ...) · Ok · Recherche avancée

Mon compte · Suivi de commande

Votre panier : 0 événement - 0 Eur

prochainement

CONVERSATIONS APRÈS UN ENTERREMENT
C'est dramatique comme une comédie, c'est drôle comme une tragédie.
Théâtre Antoine | Paris

DEBOUT
Christophe Alévèque
Venez découvrir le nouveau spectacle de cet humoriste, à l'affût des changements de son temps.
Comédie Caumartin | Paris

INDOCHINE – ALICE AND JUNE
Le groupe mythique de rock français en tournée dans toute la France
Palais des Sport | Montpellier

BEN-HUR

BEN HUR
Le film de Wyller 11 fois oscarisé aujourd'hui mis en scène avec des centaines d'acteurs et de figurants
Stade de France | Saint-Denis

KLIMT-SHIELE
Les peintres de la Sécession Viennoise aux Galeries nationales du Grand Palais
Paris

FC RENNES / AS MONACO
Journée de Championnat de France ligue 1
Stade de la route de Lorient
Rennes

Done

LES FESTIVALS EN FRANCE
Chaque année, de nombreux festivals sont organisés un peu partout en France. Parmi les plus connus, on trouve : le Festival International du Film de Cannes, le Festival de la BD d'Angoulème, le Festival d'Avignon (festival de théâtre) ; beaucoup de festivals de musique, comme le Festival de jazz d'Antibes-Juan-les-Pins, les Francofolies à La Rochelle (festival de la chanson francophone), le Printemps de Bourges, les Eurockéennes et le Festival des Vieilles Charrues en Bretagne, ou encore le Festival international d'art lyrique d'Aix-en-Provence.

B Relevez dans ces annonces le vocabulaire sur :

le théâtre	la musique	l'art	le sport

C Si vous aviez le choix, à quel spectacle assisteriez-vous ? Expliquez pourquoi dans un petit texte.

Si j'avais le choix, j'irais...

- *Et toi, à quel spectacle tu aimerais assister ?*
- *Je crois que j'irais voir le concert parce que...*

2 | Parler des émissions de TV et de radio

A Reliez le nom de l'émission, le type d'émission et le descriptif.

Nom de l'émission

1. *Forum public*
2. *Métronome*
3. *Alors, parlons-en...*
4. *Les 1 000 et un euros*
5. *Vicky*

Type d'émission

a. une émission de variétés
b. un divertissement
c. un débat
d. une sitcom
e. un jeu radiophonique

Descriptif de l'émission

1 Ce jeu, qui est sur les ondes depuis près de 20 ans, permet aux concurrents de montrer l'étendue de leurs connaissances. Venez vibrer avec le public ou joignez-vous à tous les auditeurs devant leur poste de radio et rivalisez avec les concurrents qui devront répondre aux questions cruelles de Sylvain Lemaire.

2 Pour son rendez-vous hebdomadaire, Yvan Perreau accueillera sur son plateau les directeurs des principales chaînes françaises de radio et de télévision qui commenteront les récents changements dans le panorama audiovisuel. Des échanges intéressants en perspective.

3 Retrouvez tous vos personnages en direct sur le plateau. Assistez au tournage de trois épisodes et participez à notre concours : le gagnant remportera un déjeuner avec Pascale Brognard, l'actrice qui incarne votre héroïne préférée.

4 Vous avez toujours rêvé de voir Marc Lahaye et ses chroniqueurs en direct ? Venez assister à l'enregistrement de l'émission, un cocktail explosif de rire, d'impertinence et de musique en direct, avec des invités de charme qui seront soumis aux questions malicieuses de ce présentateur génial.

5 Une émission pas comme les autres puisque Robi recevra les 10 finalistes qui rivaliseront de talent dans ce radio-crochet de la chaîne nationale française. Attention : le gagnant pourra participer au concours de l'Eurovision ! Inscrivez-vous vite pour y assister !

B Dans les descriptions des émissions, relevez le vocabulaire qui concerne la télévision et la radio.

C À quelle émission aimeriez-vous assister ? Pourquoi ? Discutez-en avec votre partenaire.

- Quelle émission tu voudrais voir, toi ?
- Je crois que je préférerais le jeu radiophonique parce que j'aime bien...

D Voici des titres d'émission qui pourraient exister. Choisissez-en un et faites sa description.

La minute pour tous *Zone libre* *Des fruits et des hommes* *Le miroir show*

La minute pour tous, c'est une émission qui...

- Quel titre d'émission tu as choisi ?
- Moi j'ai choisi zone libre. Alors, c'est un magazine...

lexique

LES ÉMISSIONS DE TÉLÉVISION
une émission culturelle
un jeu télévisé
un divertissement
une émission de variétés
un documentaire
un magazine d'actualité
une émission de téléréalité
un feuilleton
une sitcom
un débat télévisé
une émission sportive
un journal télévisé (les infos)

LES PRINCIPALES CHAÎNES HERTZIENNES DE TÉLÉVISION EN FRANCE

TF1 Chaîne privée
France 2 Chaîne publique à caractère général
France 3 Chaîne publique à caractère régional
CANAL+ Chaîne privée cryptée et payante
france 5 Chaîne publique culturelle
arte Chaîne culturelle franco-allemande
M6 Chaîne privée de séries et de musique

LES RADIOS FRANÇAISES
Les principales sont **France Info**, **France Inter**, **RTL** et **Europe1**. Il y a bien sûr de nombreuses radios sur la bande FM pour tous les âges et tous les goûts. Les plus connues sont **Radio bleue** ou **Nostalgie** pour le public plus âgé et, pour les jeunes, **NRJ** et **Skyrock**. La station de radio internationale s'appelle **RFI**.

3 | La presse

A Associez les titres et le genre de publication.

un magazine littéraire	*Libération*
une revue musicale	*Phosphore*
un quotidien	*Rock'n folk*
un mensuel	*Lire*
un hebdomadaire	*Le nouvel Observateur*

LA PRESSE FRANÇAISE
Les principaux quotidiens nationaux : *Le Monde, Libération* et *Le Figaro.*
Les quotidiens régionaux sont par exemple : le *Midi Libre, Nice matin, Le Parisien, Ouest France, l'Est Républicain.*
Les hebdomadaires d'actualité : *Le nouvel Observateur, L'Express, Le Point.*
La presse féminine : *Elle, Femme actuelle ou Marie-Claire.*
La presse sportive : *L'Équipe*
La presse jeune : *Phosphore, Okapi, l'Étudiant.*

B Complétez les extraits suivants avec les mots de la liste.

éditorial   compilation   roman   rubrique   dossier

C'est un _____ particulièrement réussi où les personnages historiques se mêlent aux personnages fictifs. Le lecteur y trouvera son compte, à n'en pas douter.

Retrouvez l'_____ de Pierre Clément, page 25, qui fait aujourd'hui un bilan de la politique gouvernementale en matière de logement.

Nous sommes face à la _____ de l'année : un double CD qui réunit les chansons de toute une carrière.

Le _____ du mois : enquête chez les 15-25 ans, la guerre aux kilos. Perdre du poids en cas d'embonpoint, d'accord. Mais attention à l'obsession du corps parfait.

_____ « Le personnage du mois » : Jean Lacouture, l'historien des grands.

C De laquelle de ces cinq publications sont tirés ces extraits ? Justifiez votre réponse.

Je pense que le premier extrait est tiré de...

D Avez-vous un magazine préféré ? Décrivez-le.

Mon magazine préféré s'appelle... on y parle de... je l'aime beaucoup parce que...

• Et toi, Sylvie, tu as un magazine préféré ? Comment il s'appelle ?

4 | Sportifs

A Associez le sportif, le sport, le lieu et ce qu'utilise ce sportif. Attention, certains termes peuvent servir à plusieurs disciplines.

Sportif	Sport	Lieu	Moment	Ce qu'utilise le sportif
coureur	aviron	cours d'eau	course	balles et raquette
joueur	course	court	course	chaussures à crampons
joueur	football	piscine	course	embarcation et rames
nageur	natation	piste	match	maillot de bain, bonnet et lunettes
rameur	tennis	terrain	match	rien de particulier

La natation est une discipline sportive qui se pratique dans une piscine. La compétition la plus pratiquée est la course dans différents styles (le crawl, la brasse, le dos crawlé, etc). Pendant les courses de natation, les nageurs doivent obligatoirement porter un maillot, mais ils ont aussi souvent des lunettes et un bonnet.

B Parlez de ces sportifs et de leur discipline.

- *C'est qui lui ?*
- *Je crois que c'est Richard Virenque.*
- *Qu'est-ce qu'il fait ?*

lexique

LE SPORT EN FRANCE
La France est la patrie de Pierre de Coubertin, le fondateur des jeux olympiques modernes. C'est pour cela que la France est le seul pays, avec la Grèce, à avoir participé à toutes les éditions des JO modernes depuis leur création en 1896 et que le français y est une des langues officielles. La France est aussi l'un des 10 pays à avoir gagné le plus de médailles.

5 | Nouvelles technologies

A Complétez les définitions avec les termes suivants :

programmes fichiers fil à distance informatique
relié organiser emmagasiner contacter

Internet, c'est un réseau qui permet de .... des gens ou des services .... au moyen d'un ordinateur.
Un portable permet d'appeler par téléphone sans être .... par un ....
Avec un agenda électronique, on peut .... son emploi du temps.
Un lecteur MP3 est un baladeur qui permet d'.............. une grande quantité de .... musicaux.
Un logiciel est un ensemble de .... qui permet de faire fonctionner un système ....

B Avec un/e camarade, dites...
quel est votre fournisseur d'accès Internet et comment vous l'avez choisi.
quel est votre site Internet préféré.
quel est le dernier programme informatique que vous avez découvert.
si vous recevez de temps en temps des virus et comment vous les éliminez.
si vous participez à des blogs ou à des forums.

- *Mon fournisseur d'accès Internet est Xanoo parce que tous mes meilleurs amis me l'ont conseillé. Et le tien ?*

grammaire

LES PRONOMS POSSESSIFS
Singulier :
le mien/la mienne
le tien/la tienne
le sien/la sienne
le/la nôtre
le/la vôtre
le/la leur
Pluriel :
les miens/miennes
les tiens/tiennes
les siens/siennes
les nôtres
les vôtres
les leurs

6 | Les pronoms possessifs

Voici une conversation entre sportifs après un match. Complétez le dialogue par des pronoms possessifs.

- Christian, tu me prêtes ton savon ?
- Mon savon ? Je l'ai fini !
- Alors Serge, tu me prêtes ____ ?
- Ok.
- Et t'as pas un peigne ?
- Non, mais regarde, celui-ci, il est à Hervé.
- Non, je ne préfère pas ; ____ est toujours sale ! Au fait tu me prêtes ta serviette ?
- Oh ! Tu exagères. D'abord, pourquoi tu n'utilises pas ____ ?
- Allez, je t'en prie ! Elle est mouillée.
- Demande à ces deux gars ____. Ils la partagent mais je crois qu'ils en ont une autre.
- Euh, ok ! Vous auriez une autre serviette ?
- Non, mais si tu veux, on te prête ____. Elle est un peu mouillée mais…
- Euh… non merci, c'est gentil. Je crois que finalement je me sècherai avec celle de Serge.

NOTRE ET NÔTRE
Notre est un adjectif possessif.
Le/la/les nôtres sont des pronoms possessifs.
Mais saviez-vous aussi que **Le Nôtre** est le nom du jardinier qui a créé les jardins de Versailles ?

7 | Les pronoms relatifs simples et composés

A Lisez les différentes rubriques de ce journal et complétez-les avec les pronoms relatifs simples (**qui, que, où, dont**) ou composés (**lequel, laquelle, lesquels, lesquelles**) qui manquent.

CULTURE Portrait d'un homme

Quarante ans après sa mort, Le Corbusier fascine toujours. Cet homme ____ a voulu élever le logement social à son plus haut niveau et ____ l'œuvre est disséminée à travers le monde, est devenu l'un des architectes les plus célèbres de la planète. Cet homme, ____ est né en 1887, a fixé les bases de l'architecture moderne ____ les nouvelles générations se servent encore aujourd'hui. Un de ses bâtiments emblématiques, la Cité Radieuse de Marseille, sur ____ on a beaucoup écrit et ____ vivent près de 400 familles, vient de fêter ses 60 ans et reste un exemple de logement social de qualité.

SOCIÉTÉ Les faux employés de la compagnie des eaux se multiplient

Si vous avez plus de 70 ans et rencontrez un homme ____ vous ne connaissez pas et ____ se présente comme employé de la compagnie des eaux, ne lui ouvrez pas la porte ! Le badge sur lequel vous pouvez lire son nom et le papier ____ justifie son passage sont probablement faux ou volés et vous avez affaire à un escroc ____ va essayer de vous voler au moment ____ vous vous y attendez le moins.

SPORT Lefranc, le jeu franc

La rencontre a été marquée par l'exceptionnel jeu de Lefranc, un jeu ____ nous n'étions pas habitués à voir. En effet, le jeune Breton ____ on a beaucoup parlé lors de son transfert a brillé hier soir sur le terrain. Son entraîneur, avec ____ les relations se sont améliorées, a fait l'éloge de la technique ____ le joueur a utilisée pour battre une équipe adverse en forme et ____ était donnée favorite.

B À votre tour, remplissez la rubrique Ciné. Pensez à un acteur ou une actrice que vous aimez bien et écrivez un petit texte.

C'est un homme/une femme **qui**…
Les films dans **lesquels**…
Les personnages **que**…
C'est un homme/une femme **dont**…
Il/elle a une vie privée **qui**…
Les revues **où**…

8 | Les pronoms démonstratifs

Voici un dialogue au téléphone entre un grossiste et un magasin d'électronique. Complétez avec des pronoms démonstratifs :

celle cela (ça) ceux celui celui-là celui ce ceux cela (ça)

- Bonjour, ici M. Blemard.
- Bonjour, je suis M. Passort de *Dwiz Électronique*. Écoutez, nous commençons à en avoir assez ! Nous avons eu beaucoup de problèmes avec vos appareils ces derniers temps et nous ne savons plus quoi faire.
- Mais, je ne comprends pas…
- Oui, surtout avec vos portables !
- ________ de Lokia ?
- Non, ________ de Claronx. On m'en a retourné déjà onze ! Et le modèle 388 est le pire.
- Ah ! ________ , c'est un cas ! Je dois reconnaître que le fabricant lui-même reconnaît qu'ils ont des problèmes…
- Et les télés de Tony… une horreur !
- Non ! Je ne peux pas le croire ! C'est pourtant une très bonne marque.
- Oh ! Pardon, ce n'est pas Tony, c'est… c'est cette marque américaine, ________ avec le symbole bleu…
- Vous voulez dire, Samstyl ?
- Oui c'est ________ ! Et puis l'apothéose, ce sont les ordinateurs, notamment ________ qui vient de sortir chez Arset.
- Prestige ?
- Non.
- Star ?
- Non, ________ qui commence par un B.
- Blackwire ?
- Oui, Blackwire ! Je pense que je vais vous renvoyer tout le lot.
- Je ne comprends toujours pas ________ qui a pu se passer. Je suis vraiment désolé. Je vais faire le nécessaire et voir comment je peux résoudre ________ . Ne raccrochez pas…

SE, CEUX ET CE
À l'oral, ne confondez pas **se, ceux** et **ce.**
Se est un pronom personnel réfléchi ou un pronom passif :
*Il **se** douche après chaque entraînement.*
Ceux est un pronom démonstratif :
*Parmi tous ces biscuits, je préfère **ceux** au chocolat.*
Ce est un pronom neutre ou un adjectif démonstratif :
***Ce** n'est pas facile d'être un champion.*
***Ce** sport est très physique.*

grammaire

9 | La mise en relief (c'est… que / qui)

Transformez les phrases suivantes comme dans l'exemple.

J'ai écrit cet article tout seul.
C'est moi qui ai écrit cet article.

Le président sera élu l'année prochaine et pas cette année.
Je te parle de *Libération* et pas d'un autre journal.
Mon père m'a appris la nouvelle, ce n'est pas la radio.
Je voudrais bien connaître ce présentateur.

CECI ET CEUX-CI
Ne confondez pas non plus les démonstratifs **ceci** et **ceux-ci.**
Ceci indique une chose à laquelle on ne sait pas ou on ne veut pas donner un nom.
***Ceci** te concerne pas.*
Ceux-ci indique plusieurs choses, au masculin.
*De tous disques, je préfère **ceux-ci**.*

10 | La mise en relief (ce que/ce qui… c'est…)

A Quelle différence voyez-vous entre les phrases de ces deux paires ?
a. Moi, j'aime la radio.
b. Moi, **ce que** j'aime, **c'est** la radio.

a. À la radio, les publicités incessantes m'énervent.
b. Ce qui m'énerve à la radio, **ce sont** les publicités incessantes.

La signification est la même, mais l'attente créée chez l'interlocuteur avec les phrases **b** est plus grande et éveille l'intérêt.

grammaire

QUELQUES ŒUVRES FRANÇAISES CÉLÈBRES
Littérature :
Les Misérables, Victor Hugo (1862)
Peinture :
Le Moulin de la Galette, Auguste Renoir (1876)
Sculpture :
Le Penseur, Auguste Rodin (1904)
Musique :
Boléro, Maurice Ravel (1928)
Danse :
Le Sacre du printemps, Maurice Béjart (1955)
Cinéma :
Les 400 coups, François Truffaut (1959)
Architecture :
L'Institut du monde arabe (Paris), Jean Nouvel (1988)

B Transformez les phrases suivantes avec : ce que, ce qui, ce dont... c'est / ce sont.

À la télé, j'adore les documentaires animaliers.
J'ai besoin de trouver une station de radio plus moderne.
Ses déclarations politiques dans les journaux m'agacent vraiment.
J'aimerais bien avoir la télévision satellite.

C Votre attitude face aux médias ? Répondez aux questions suivantes en mettant en valeur vos idées.
Qu'est-ce que tu aimes lire en premier quand tu commences un journal ou un magazine ?
Ce que j'aime lire en premier dans un journal, c'est...

Qu'est-ce qui t'énerve ou qu'est-ce qui t'ennuie le plus dans la presse ?
Qu'est-ce que tu vas voir comme film au cinéma ?
Qu'est-ce que tu recherches quand tu utilises Internet ?
Quel type d'émissions tu trouves scandaleuses à la télé ?
De quoi tu as besoin pour passer une bonne soirée ? De la télé ? D'un bon livre ? D'autre chose ?

• Et toi, Dimitri, qu'est-ce que tu lis en premier dans un journal ?
○ Moi, ce que je lis en premier, c'est la rubrique...

11 | La voix passive

A Mettez ces titres de journaux à la forme active.

Les Bleus ont été battus 3 à 0 par les Lions du Cameroun

***L'Avare* est joué brillamment par Francis Perrin à la Comédie Française**

La conférence sur l'avenir de la 5ème chaîne sera présentée par le président

Une puce électronique de grande puissance a été inventée par Intel pour rendre nos portables encore plus intelligents

B Répondez à ces questions :
Par qui ont été organisés les Jeux olympiques de 2004 ?
Les JO de 2004 ont été organisés par la Grèce.

Par qui seront organisés les prochains Jeux olympiques ?
Par qui ont été organisés les derniers Jeux d'hiver ?
Par qui seront organisés les prochains Jeux d'hiver ?
Par qui ont été inventés les premiers Jeux olympiques modernes ?

• Par qui est organisé le Mondial de football de 2006 ?

LES PRONOMS RELATIFS

Ils permettent d'apporter une information ou une précision à un nom en le reliant à une autre phrase (la subordonnée). Leur forme varie selon leur fonction dans cette phrase.
Il existe des pronoms relatifs simples et composés.

- **Les pronoms relatifs simples**

  Le journal français ***qui*** (SUJET) *est le plus connu à l'étranger, c'est Le Monde.*
  (SUJET : le journal est connu)

  Le journal ***que*** (COMPLÉMENT D'OBJET DIRECT) *tu achètes ne m'intéresse pas beaucoup.*
  (COD : tu achètes ce journal)

  Le journal ***où*** (COMPLÉMENT DE LIEU) *j'ai lu cette nouvelle est un quotidien régional.*
  (C. DE LIEU : j'ai lu cette nouvelle dans ce journal)

  Au moment ***où*** (COMPLÉMENT DE TEMPS) *je lisais cette nouvelle dans le journal, on en a parlé à la télé.*
  (C. DE TEMPS : je lisais cette nouvelle à ce moment-là)

  Le Canard Enchaîné est un journal satyrique ***dont*** (COMPLÉMENT DU NOM) *les titres sont souvent des jeux de mots.*
  (C. DU NOM : les titres de ce journal sont...)

  Le roman ***dont*** (COMPLÉMENT DU VERBE introduit par **de**) *tu me parlais a gagné un prix.*
  (C. DU VERBE : tu me parlais de ce roman)

- **Les pronoms relatifs composés**

  Quand le pronom a une fonction de complément introduit par une préposition, on utilise les pronoms relatifs lequel, laquelle, lesquels, lesquelles.

  Le journal ***pour lequel*** *je travaille, la revue* ***avec laquelle*** *je me déplace partout, les livres* ***dans lesquels*** *je trouve mes informations, les publications* ***sur lesquelles*** *je comptais...*

⚠ Pour se référer à des personnes, on peut dire **lequel** ou bien **qui :** *Le collègue* ***avec lequel*** *je travaille / le collègue* ***avec qui*** *je travaille.*

⚠ Quand le verbe est accompagné de la préposition **à**, on doit dire **auquel / à laquelle / auxquels / auxquelles** : *Le problème* ***auquel*** *tu es confronté.*

LES PRONOMS DÉMONSTRATIFS

Ils permettent de désigner un objet.

- Les pronoms démonstratifs simples ne s'utilisent jamais seuls et sont toujours suivis d'une préposition, d'un pronom relatif ou d'un participe passé (P.P.).

	SINGULIER	PLURIEL
Masculin	**celui**	**ceux**
Féminin	**celle**	**celles**
Neutre	**ce**	

Ces tableaux sont tous magnifiques, mais ***celui de*** *Manet est mon préféré.*
Chez moi tu verras deux consoles vidéo. Je te conseille d'utiliser ***celle qui*** *est dans une boîte rouge.*
Parmi les produits technologiques à bas prix, ***ceux faits*** *en Chine sont souvent les moins chers.*

- Les formes composées sont : **celui-ci/là, celle-ci/-là, ceux-ci/-là, celles-ci/-là, ceci, cela (ça).**

  Laquelle de ces lampes vous préférez ? ***Celle-ci*** *ou* ***celle-là*** *?*
  C'est quoi ***ça*** *?* ***Ça****, c'est un tableau de Kandinsky.*

LA MISE EN RELIEF

- Pour mettre en valeur une information, on utilise :
  C'est + information + **qui/que**
  Par exemple, dans la phrase ***c'est*** *moi* ***qui*** *ai fait ce gâteau*, on veut mettre en relief que c'est moi et personne d'autre.
  Dans la phrase ***c'est*** *Michel* ***que*** *tu as vu l'autre jour*, on insiste sur le fait que c'est Michel et non pas un autre garçon.
- La structure **ce qui/ce que/ce dont... c'est...** sert à augmenter l'intérêt de l'interlocuteur sur ce qu'on veut dire.

  La peinture m'intéresse. → ***Ce qui*** *m'intéresse, c'est la peinture.*
  Son comportement m'agace. → ***Ce qui*** *m'agace, c'est son comportement.*
  J'ai compris le contraire. → ***Ce que*** *j'ai compris, c'est le contraire.*

LA VOIX PASSIVE

La voix passive permet d'insister sur le complément d'objet direct (COD) d'une phrase et le transformant en sujet.

V. active : *Le maire inaugure l'exposition.*
SUJET VERBE COD

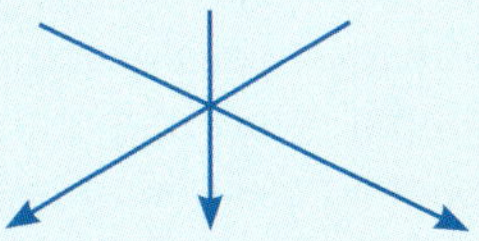

V. passive : *L'exposition est inaugurée par le maire.*
SUJET ÊTRE + P.P. C. D'AGENT

Dans ce cas, le P.P. s'accorde avec le SUJET.
Le complément d'agent peut être absent si le sujet n'est pas précis ou qu'on ne veut pas le préciser.
Cette ***pièce*** *a été* ***jouée*** *brillamment.*

Texte oral 1

A Lorsque vous écoutez un document sonore, il est important de repérer les éléments les plus importants et de ne pas vous concentrer sur les détails. Écoutez cet enregistrement une première fois, puis répondez aux questions :

·De quel type de document il s'agit ?
·Quel est le **thème principal** du document ?

B Écoutez une deuxième fois l'enregistrement. Vous pourrez repérer des informations et des détails supplémentaires. Parmi les trois **résumés** ci-dessous, dites lequel est le plus proche du document que vous avez entendu. Justifiez votre réponse.

RÉSUMÉ 1
Les quelque 82 000 spectateurs du Stade de France (Paris) ont été scandalisés par la mauvaise qualité des quatre représentations du *Voyage au centre de la terre,* spectacle inspiré du célèbre roman de Jules Verne et commémorant le centenaire de sa mort.

RÉSUMÉ 2
Les 2,5 millions de budget pour le fabuleux spectacle au Parc des Princes n'ont pas été suffisants pour contenter les 92 000 spectateurs qui, malgré le prix des places et le mauvais temps, ont assisté aux trois représentations. Dommage pour Jules Verne dont on fêtait cette année le centenaire.

RÉSUMÉ 3
À l'occasion du centenaire de la mort de Jules Verne, un spectacle grand public avec un budget énorme a été organisé. Il n'a pas rencontré le succès attendu et a été fortement critiqué par les spectateurs qui ont trouvé que les places étaient chères et le contenu, sans intérêt.

C Écoutez une troisième fois. Repérez le **vocabulaire**. Voici une liste de mots-clés de ce document. Les avez-vous entendus ? Faites une phrase pour illustrer le sens de chacun de ces mots en utilisant des informations du texte.

spectacle   roman   budget   événement   représentation   échec

Texte oral 2

A Écoutez l'enregistrement deux fois et corrigez les erreurs de cette présentation.

Antoine est un joueur de football handicapé de 26 ans qui est dans un fauteuil roulant. Il n'a pas de jambes depuis la naissance, mais il est très volontaire et a réussi à devenir champion paralympique. Il a remporté sa première victoire à 18 ans et l'année d'après il était champion régional. Il est aidé par sa région, l'État suisse et des entreprises comme « Winonwheel ».
Il pense participer aux prochains jeux paralympiques, mais après, il ne pourra plus faire de sport de compétition et devra prendre sa retraite sportive.

B Écoutez ces extraits du texte et dites si ce sont des questions (**Q**) ou des réponses (**R**).
1 .....   2 .....   3 .....   4 .....   5 .....   6 .....

C Transformez les affirmations suivantes en questions ou vice versa.

Tu l'aimes bien, ce sport.
Il achètera la console pour Noël ?
C'est une actrice célèbre ?
Nous irons voir un match à Rolland Garros.
Vous y êtes allés sans nous ?
Ils t'ont envoyé un courriel.

Faites bien attention à l'**intonation** dans les écoutes. Elle peut vous donner beaucoup d'indices pour la compréhension. Elle peut marquer non seulement les questions et les affirmations, mais aussi la demande de confirmation, l'ordre, etc.

Texte écrit 1

A Quel titre donneriez-vous à ce texte ?

Comment faire tenir dans votre sac tous les volumes de la saga des Rougon-Macquart de Zola ? C'est impossible, me direz-vous. Eh bien, plus maintenant, car l'e-book, c'est-à-dire le livre électronique, fait un retour très remarqué sur le marché des gadgets informatiques. En effet, les premières versions de cet appareil, un peu plus gros qu'un livre mais plus petit qu'un ordinateur portable, n'avaient convaincu ni le public, ni les professionnels du livre lors de son lancement il y a plusieurs années. Entre-temps, la technique aidant, le format a été amélioré et son utilisation a été simplifiée, au point que les spécialistes qui se sont penchés sur son berceau lui prédisent un avenir plus que florissant.

Ah, je vous entends d'ici : vade retro démon de la modernité, Bill Gates n'aura pas la peau de Gutenberg ! Mais avouez que c'est bien pratique de pouvoir faire tenir dans une petite boîte les ouvrages dont on a besoin pour des recherches pour un projet, quand on est professionnel de l'édition ou même quand on est écolier et qu'on doit transporter chaque jour plusieurs kilos de livres dans son cartable.

D'autant plus que les ouvrages numérisés sont de plus en plus nombreux sur Internet, au point que ce réseau, devenu le partenaire de travail indispensable de beaucoup, risque de détrôner les grands distributeurs de livres que nous connaissons aujourd'hui. En effet, télécharger un ouvrage et le stocker dans son e-book remplacera un samedi après-midi d'achats dans le rayon livres des grandes surfaces, par exemple. Mais les lecteurs auront toujours besoin de conseils… et, ironie du sort, après avoir presque disparu à cause de la grande distribution, ce sont peut-être nos bonnes vieilles librairies indépendantes qui seront plus à même de jouer ce rôle. L'avenir nous le dira…

B Trouvez l'idée principale de chaque paragraphe.

C Retrouvez dans le texte les mots qui correspondent aux définitions.

Une série d'aventures qui concerne une même famille.
Qui ne passe pas inaperçu.
Importer un document d'Internet.
Petit appareil électronique.
Livre, écrits en général.
Mis sur un support électronique.
Prospère.
Sac d'école.
Lit d'enfant.

Parmi ces mots, lesquels vous semblent importants pour comprendre le texte ?

D Quels sont les nouveaux mots que vous avez appris dans ce texte ?

Notez ces mots dans un cahier, ils vous seront utiles dans d'autres occasions. Chaque fois que vous lisez un texte en français, vous pouvez faire la même chose.

Texte écrit 2

A Résumez le texte en quelque lignes.

LA TÉLÉVISION EST DÉNONCÉE PAR DE PLUS EN PLUS DE PARENTS

On la regarde souvent distraitement mais longuement ; en moyenne, 3h02 par jour, mais de moins en moins au profit d'Internet. Pourtant, elle continue d'être au cœur de nombreux débats de société. Média véritablement universel, puisque son petit frère Internet est, lui, plus ciblé*, elle suit de près l'évolution de la société.

Dès la fin des années 70, époque où notre télé moderne était encore balbutiante, les séries japonaises de l'époque étaient accusées d'être violentes. Dans les années 80, l'accusation portait sur le manque de culture. Et dans les années 90, c'est l'apparition de la téle-réalité qui a provoqué le scandale, avec cette impression générale que tout pouvait apparaître sur le petit écran.

Du coup, les parents ont commencé à en avoir ras-le-bol. Des associations comme « Ralatélé » se sont constituées pour lutter contre une certaine permissivité des pouvoirs publics. Ce qu'elles veulent, c'est un plus grand contrôle que les parents ne peuvent pas toujours exercer. L'État français a alors tenté en 2002 d'imposer aux chaînes une signalétique télé pour différentes catégories d'âge (3+, 7+, 12+, 16+, 18+), mais cela ne leur suffit pas vraiment.

Ainsi, Arlette Mérouge, présidente de « Enfance en télé », cherche à interdire la publicité destinée aux enfants. Celle-ci est déjà interdite dans quelques pays scandinaves et cette mesure semble recueillir un grand soutien de la part des parents français (voir la dernière enquête CSA*). Autre mesure à prendre en compte, l'augmentation des ventes de décodeurs pour télévisions, magnétoscopes et lecteurs de DVD qui permettent d'éliminer le passage des émissions codifiées. Ainsi, les chères têtes blondes* n'ont plus la tentation de regarder ce qu'on leur a interdit pendant que leurs parents sont absents.

Mais pour les parents les plus radicaux, la télé est une abomination pour les enfants et ils leur interdisent de regarder tout type d'émissions, même celles pour enfants... même si certains parents continuent à regarder les leurs. La télé reste alors au mieux un simple moniteur utilisé pour visionner des films, ou elle disparaît purement et simplement pour laisser place à la lecture, la radio ou Internet... surveillé ?

* ciblé : qui concerne un public limité
* C.S.A. : Conseil Supérieur de l'Audiovisuel, organisme de régulation du secteur audiovisuel.
* chères têtes blondes : enfants

B Reformulez le titre à la voix active.

C Expliquez à quoi correspondent les pronoms démonstratifs ou possessifs suivants extraits du texte.

Ce qu'ils veulent...
... mais **cela** ne leur suffit pas vraiment.
Celle-ci est déjà interdite...
... **ce** qu'on leur a interdit...
... même **celles** pour enfants...
... même si certains parents continuent à regarder **les leurs**.

D Quand cela est possible, retrouvez les adjectifs dont les adverbes du texte sont dérivés.

E Expliquez pourquoi la structure « **Ce qu'**elles veulent, **c'est** un plus grand contrôle » est utilisée au lieu de « Elles veulent un plus grand contrôle ».

LES CLÉS DU BULLETIN DE RADIO

Dans cet exercice, vous allez entendre un bulletin de radio. Il peut aborder des sujets très variés, tels que le sport, la littérature, le cinéma, etc. Vous avez quinze secondes pour lire les questions. Ensuite, vous entendrez deux fois le document, avec une pause de quinze secondes entre les deux écoutes, avant de commencer à répondre aux questions, puis vous aurez trente secondes pour compléter vos réponses.

■ Exemple

Répondez aux questions en cochant la bonne réponse :

Transcription :
Le maire de notre ville a assisté hier à la présentation du projet de pôle théâtral et de conférences. Une promenade en trois dimensions projetée sur écran géant a permis aux élus municipaux de voir l'édifice culturel avant même le début de sa construction. L'objectif, comme l'a expliqué l'architecte responsable du projet, n'est pas de construire un théâtre, mais de concevoir un espace de création et de diffusion des arts, modulable et interactif. Les participants à cette réunion ont accueilli le projet avec enthousiasme. Les travaux devraient donc commencer en septembre 2007 et l'inauguration du pôle théâtral est prévue fin 2009.

1. Ce bulletin parle...

☐ d'un projet de salle omnisport.
☐ d'une conférence sur écran géant.
☒ d'un projet architectural.

Les mots « projet », « conférence » et « écran géant » sont dans le document. Pour répondre à cette question, vous devez avoir compris le sens général de l'annonce. Si vous ne connaissez pas le mot « architectural », essayez d'en déduire le sens en l'associant avec sa famille de mots. Vous pouvez ainsi reconnaître le mot « architecte ».

2. Le conseil municipal est favorable au projet.

☒ Vrai
☐ Faux

Relevez le mot « enthousiasme » dans le texte. Aidez-vous des autres questions. La formulation de la question 3 vous aide à répondre. Soyez logique !

3. Combien d'années vont durer les travaux ?

2 ans.

Il y a deux informations chiffrées à retenir : « 2007 » et « 2009 ». Il faut comprendre les notions de début (« commencer ») et de fin (« inauguration »). Pour répondre correctement à la question, il faut faire la soustraction. Il ne suffit donc pas de relever une information dans le texte, mais de réfléchir au sens.

Préparez-vous à l'écoute en lisant les questions. Cette lecture est indispensable ! Le jour de l'épreuve, vous aurez 30 secondes réservées à la lecture des questions avant l'écoute. Ce temps est précieux. Il faut cibler votre lecture. Recherchez dans les questions des indications sur le thème abordé par le document. Il est difficile de comprendre un texte sans savoir avant de quoi il parle. Il sera plus simple de le comprendre si vous avez pu en dégager l'idée générale.

On peut vous demander de cocher la bonne réponse, de choisir entre vrai ou faux, de remplir un tableau en mettant des croix ou de relever un mot, une expression, un chiffre. Préparez-vous en lisant attentivement les consignes.

■ Exercice 1

Dans cet exercice, vous allez entendre un document sonore. Vous avez quinze secondes pour lire les questions. Vous entendrez ensuite deux fois le document avec une pause de quinze secondes entre les deux écoutes pour commencer à répondre aux questions, puis trente secondes pour compléter vos réponses.

Dans les questions suivantes, on vous demande de cocher (X) la bonne réponse.

1. Ce document présente...

- ☐ un nouveau site Internet.
- ☐ un nouveau service accessible sur Internet.
- ☐ un livre accessible sur Internet.

2. Cochez la bonne réponse : vrai, faux, on ne sait pas.

	VRAI	FAUX	?
Le service est déjà actif au Canada.			
Les internautes peuvent déjà lire des œuvres complètes sur Internet.			
Il faudra arriver à des accords avec les éditeurs avant la numérisation des ouvrages.			

3. Selon l'auteur, cette nouveauté remplacera le livre.

- ☐ Vrai
- ☐ Faux

■ Exercice 2

Dans cet exercice, vous allez entendre une annonce radio. Vous avez quinze secondes pour lire les questions. Vous entendrez ensuite deux fois le document avec une pause de quinze secondes entre les deux écoutes pour commencer à répondre aux questions ; puis vous aurez trente secondes pour compléter vos réponses.

1. On nous annonce que le Grand Palais...

- ☐ rouvre ses portes.
- ☐ est en construction.
- ☐ ne pourra plus être visité.

2. Le Grand Palais est une construction de style Art Nouveau datant de 1900.

- ☐ Vrai
- ☐ Faux

3. Pourquoi seuls quelques chanceux pourront visiter la nef du Grand Palais ?

....

....

LES CLÉS DE LA DESCRIPTION (LIRE POUR S'ORIENTER)

Dans cette épreuve, **lire pour s'orienter**, on vous propose une consigne et des textes courts. Vous devez lire attentivement la consigne afin de comprendre ce qu'on attend de vous et utiliser les informations données par les textes pour remplir le tableau (avec des X). Enfin, une question résumant les informations notées dans le tableau vous est posée.

■ Exemple

Vous souhaitez rapporter de vos vacances en France des cadeaux pour votre famille. Vous demandez conseil à un ami parisien. Pour vous aider, il vous envoie par courriel la description de quelques objets... très français !

sans titre

Envoyer | Envoyer plus tard | Ajouter des pièces jointes | Signature | Options

N°5 : mélange de fleurs et de fraîcheur, ce parfum intemporel, plein de grâce et de féminité, convient à toutes les femmes, quel que soit leur âge. Il représente l'élégance à la française.

Le savon de Marseille : depuis le XIIe S., il fait sensation. Parfait pour tout : le linge, les cheveux, les peaux sensibles... Parfait pour tous : les hommes, les femmes, les bébés. À chacun son utilisation !

La Pléiade : depuis 75 ans, on les veut tous, les 514 titres, les rouges, les verts, les bruns... Lire une œuvre complète, un Baudelaire ou un Proust, sur du papier bible, relié en cuir et or fin, c'est le rêve de tout amoureux de la littérature.

Le stylo BIC : il signa l'arrêt de mort du porte-plume. Depuis 1950, il a fait sa révolution dans le jetable. Même James Bond en a toujours un dans la poche !

Le béret basque : ce chapeau vient en réalité des bergers béarnais qui le portaient pour lutter contre le froid et la pluie. Il est l'emblème de la France à l'étranger, même si peu de Français le portent de nos jours.

Les charentaises : créées sous Louis XIV, elles font encore partie de nos vies. C'est le confort du pied, l'élégance sobre des carreaux, le refus du synthétique, la chaleur molletonnée !

1. Notez d'une croix dans le tableau le produit qui correspond le mieux à chaque membre de votre famille.

	N°5	Stylo	Savon	Béret	La Pléiade	Charentaises
Votre mère aime lire					x	
Votre père est chauve				x		
Zoé, votre sœur, est coquette	x					
Arthur a 8 ans, il va à l'école		x				
Votre grand-mère a mal aux pieds						x
Votre grand-père ne supporte plus la mousse à raser			x			

2. Vous n'avez pas le temps de faire les boutiques. Vous décidez de faire un cadeau commun. Quelle est l'invention française qui conviendrait à toute la famille ?

Le savon de Marseille.

Les textes sont souvent complexes, mais vous n'êtes pas obligé/e de tout comprendre. Vous devez retirer le sens général en vous appuyant sur des mots-clés. Par exemple : dans le dernier texte qui parle des charentaises (ce sont des pantoufles très chaudes), il vous suffit de comprendre le mot « pieds » et de le mettre en relation avec « mal aux pieds » proposé dans le tableau.

Dans l'exercice proposé, vous devez choisir le produit idéal pour chaque personne. Ne mettez pas plusieurs croix par ligne ! Mais attention, ce n'est pas toujours le cas : selon les exercices, vous pouvez avoir plusieurs bonnes réponses. Lisez bien ce qu'on vous demande et soyez cohérent/e. La deuxième question est toujours reliée au tableau.

■ Exercice 1 (Junior)

Vous décidez d'aller au cinéma avec Aurélie, Benjamin et Karim. Vous consultez le programme du cinéma de votre quartier sur Internet, mais vous ne savez pas quel film choisir.
Aurélie est très romantique, Benjamin aime les films d'action et Karim préfère les films fantastiques. Quant à vous, vous préférez les films comiques.

Proposition 1

LE MONDE DE NARNIA

Connais-tu « Les chroniques de Narnia » de Clive Staple Lewis ? Ce sont des contes fascinants qui nous transportent au cœur d'un monde magique. Si tu n'as pas encore eu le plaisir de plonger dans cet univers imaginaire, fonce au cinéma dès le 21 décembre pour découvrir *Le monde de Narnia*. De nombreuses aventures t'attendent ! Inspiré du deuxième tome des Chroniques, ce film raconte la lutte entre le bien et le mal.

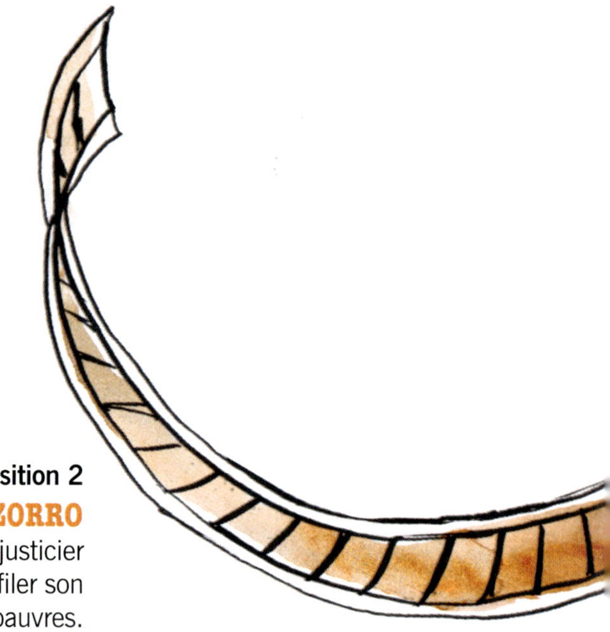

Proposition 2

LA LÉGENDE DE ZORRO

Tu le connais forcément : Zorro est un justicier qui ne peut s'empêcher d'enfiler son masque pour défendre les plus pauvres. C'est un héros, qui n'a pas de pouvoirs comme Superman ou Spiderman, mais qui triomphe toujours parce qu'il est malin comme un renard. D'ailleurs en espagnol, Zorro veut dire « renard » !

Proposition 3

MA SORCIÈRE BIEN-AIMÉE

Bien décidée à devenir une jeune femme ordinaire, la jolie sorcière Isabel (Nicole Kidman) s'installe dans une villa à Hollywood. Épouser un mortel, papoter au café avec des copines, exercer un métier : voilà tout ce dont elle rêve. C'est promis, à partir d'aujourd'hui : la magie, c'est fini ! Des histoires drôles et surtout une belle histoire d'amour.

Proposition 4

FAT ALBERT

Notre héros a une nouvelle mission, mais coupé de son monde animé, il doit faire face à bien des tracas. Le premier : il se retrouve en chair et en os ! Dur, dur pour Fat Albert qui ne peut plus se livrer à ses cabrioles et autres cascades favorites dans une réalité où la pesanteur règne. Heureusement, sa bonne humeur et son humour l'aideront à «rester cool» en toute situation.

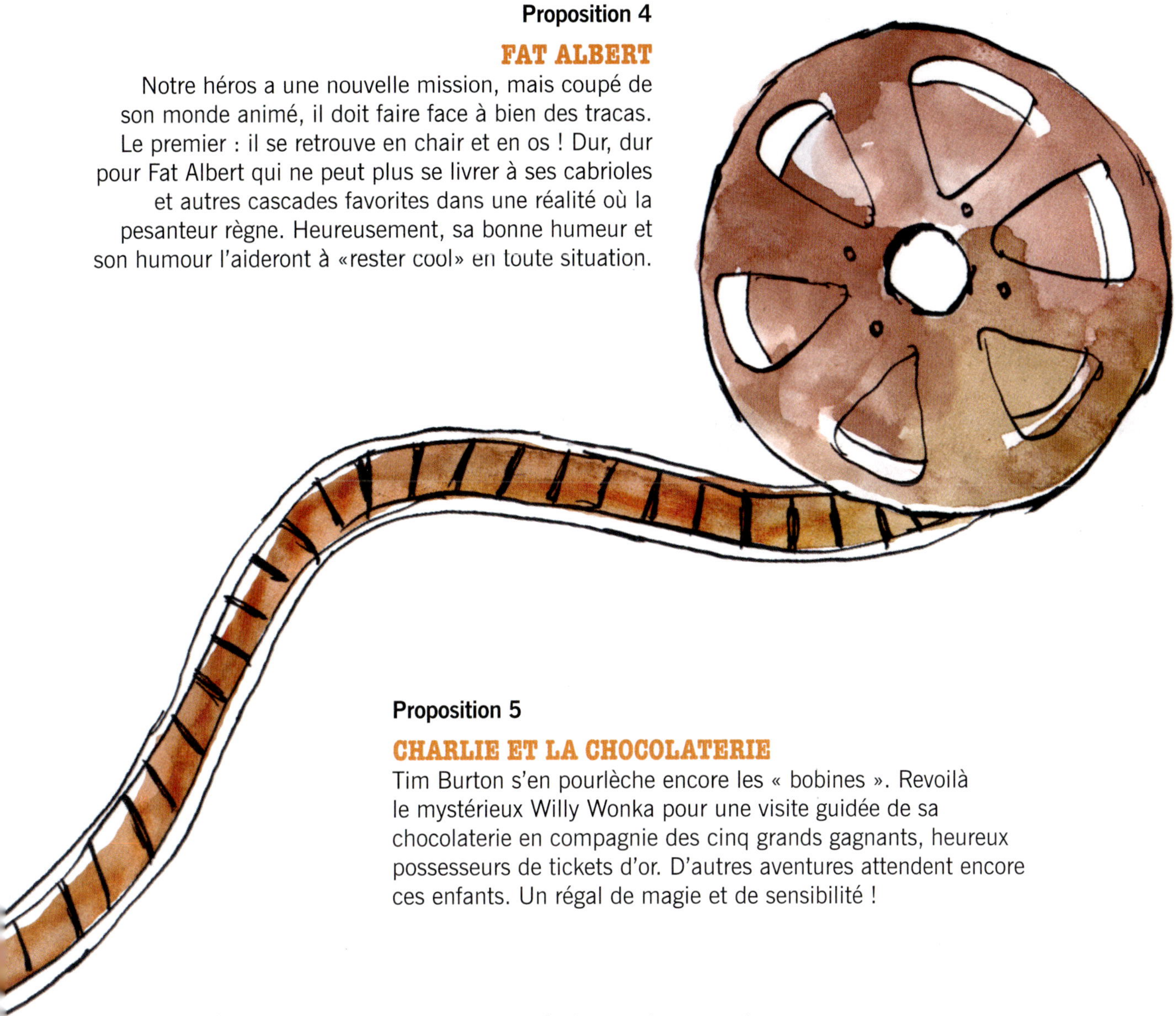

Proposition 5

CHARLIE ET LA CHOCOLATERIE

Tim Burton s'en pourlèche encore les « bobines ». Revoilà le mystérieux Willy Wonka pour une visite guidée de sa chocolaterie en compagnie des cinq grands gagnants, heureux possesseurs de tickets d'or. D'autres aventures attendent encore ces enfants. Un régal de magie et de sensibilité !

1. Notez d'une croix le film qui plairait le plus à chacun de vos amis.

AMIS/FILMS	Proposition 1	Proposition 2	Proposition 3	Proposition 4	Proposition 5
Aurélie					
Benjamin					
Karim					
Moi					

2. Quel film choisissez-vous d'aller voir ?

....

....

LES CLÉS DE LA LETTRE AMICALE

Dans cette épreuve, vous allez devoir raconter ou décrire une expérience concernant vos centres d'intérêt. C'est un compte rendu en forme de lettre ou de courriel. Vous devez être capable de présenter des faits et d'exprimer vos sentiments dans un texte cohérent de 180 mots environ.

■ Exemple

Vous êtes allé à la première de ce spectacle hier soir. Vous avez adoré. Vous écrivez un courriel à un ami pour lui raconter votre soirée.

LE CIRQUE ÉLOIZE
compagnie canadienne
Du 10 au 15 janvier 2006 au *Petit Théâtre*.
Plus que du théâtre, plus que du cirque...
Ce spectacle propose une mise en scène chorégraphiée avec de la musique, de la danse, des acrobaties, de la voltige.
Un véritable délire visuel et sonore.
La magie vous emporte loin.

De : moimoi@monmel.com
Pour : toitoi@freestyle.fr
Objet : Soirée au cirque

Mon cher David,
J'espère que tu vas bien. Moi, ça va super (1). Hier soir, j'ai passé une très bonne soirée (2). Anne est venue me chercher à la maison, on est allés manger une pizza dans ce petit restaurant près du port, puis, on est allés voir le Cirque Éloize. Yann et Élodie nous attendaient devant le théâtre. Ils avaient déjà pris les places car on était un peu en retard (3). Le spectacle était génial. Ce n'est pas du cirque traditionnel avec des animaux et des clowns. C'est un mélange de théâtre, de musique, de danse et d'acrobaties. Ils sont fantastiques, plein d'énergie et très forts. Ils font des trucs extraordinaires. Par exemple, il y en avait un qui montait en haut d'une tour de 8 chaises et un autre qui marchait sur un fil et semblait voler dans le ciel ! C'est magique. (4) Tu dois le voir s'ils passent dans ta ville (5). Bon, je te quitte, il faut que je travaille.
J'espère te voir bientôt. Bises.(6)

Un compte rendu est une description fidèle et précise d'un événement. Il faut s'appuyer sur la réalité. Vous avez certainement vécu une situation comparable. Faites appel à votre mémoire.

Le destinataire de ce message est toujours une personne de votre entourage, un ami ou quelqu'un de votre famille. Vous pouvez donc utiliser un français standard, de style amical.

Dans cet exercice, vous devez utiliser les informations données par la consigne (en orange) et vous mettre en scène. Laissez-vous porter par la situation : imaginez que vous l'avez vécue (en noir). Ne vous contentez pas de réécrire la consigne et inventez des exemples (en gris). Dans la consigne, on ne vous dit pas le nom de votre ami. Vous devez l'inventer.

Vous devez raconter un événement. Suivez l'ordre chronologique de l'histoire et structurez votre texte : 1. formule de politesse ; 2. introduction de l'idée générale ; 3. description de la première partie de la soirée (avant le spectacle) ; 4. description de la deuxième partie de la soirée (spectacle, exemples et impressions) ; 5. conseil ; 6. salutations et signature.

Dans cette épreuve, on vous demande d'écrire 180 mots, c'est une longueur indicative. Ne perdez pas de temps à compter les mots ! En moyenne, nous écrivons 10 mots par ligne.
Pour vous tester, écrivez la phrase ci-dessous dans votre cahier ou sur une feuille, puis comptez le nombre de mots de chaque ligne. Ce nombre est important, ne l'oubliez pas ! Le jour de l'épreuve, vous n'aurez plus qu'à faire une petite opération pour savoir combien de lignes vous devez écrire pour respecter la longueur demandée.

« Je sais ce qu'est un compte rendu. Je suis préparé pour passer l'épreuve de production écrite. Je peux donc me présenter au DELF niveau B1 ».

Attention : « c'est-à-dire » = 1 mot et « il y a » = 3 mots.

■ Exercice 1

Vous êtes allé/e au cinéma hier soir. C'était une soirée spéciale en présence du réalisateur. Vous avez adoré le film et le débat était très intéressant. Vous écrivez un courriel à un ami pour lui raconter votre soirée.

Lundi 3 janvier 2006 - 20h :

Soirée exceptionnelle au Cinéma Grand écran !

Projection de « Angel A », en présence de son réalisateur Luc Besson.

Le film sera suivi d'un échange avec le public et d'un cocktail pour fêter la nouvelle année.

■ Exercice 2

Hier soir, pour votre anniversaire, après un repas à la maison, vos amis vous ont emmené/e dans ce café théâtre. Vous avez chanté sur scène, vos amis aussi, et vous vous êtes vraiment bien amusés. Vous écrivez un e-mail à un ami pour lui raconter votre soirée.

Le Café des Arts...

vous offre sa scène. Toutes les 6 minutes, des artistes, chanteurs, acteurs, comiques en herbe... font leur spectacle. Vous avez du talent, vous souhaitez vous faire connaître ? Vous chantez souvent sous la douche et vous voulez passer une bonne soirée ? Soyez la star d'un soir !

LES CLÉS DE L'ENTRETIEN DIRIGÉ

Dans cette épreuve, vous allez parler de vous, de votre famille, de votre pays ou de vos activités. L'épreuve se déroule sur le mode d'un entretien avec l'examinateur. Cette épreuve dure de 2 à 3 minutes. L'objectif de l'entretien est de vous mettre à l'aise. Vous devez montrer que vous êtes capable de parler de sujets familiers.

■ Exemple

L'examinateur commencera toujours par « Bonjour. Pouvez-vous vous présenter, me parler de vous ? ». Préparez-vous à répondre à cette question.

- Est-ce que vous pouvez vous présenter ?
  Donnez votre nom, votre prénom. Vous pouvez aussi dire votre âge, votre nationalité.
- Pouvez-vous me parler de votre famille ?
  Parlez de vos parents, leur âge, leur profession. Parlez de vos frères et sœurs. Indiquez leurs âges. Dites ce qu'ils font.
- Pouvez-vous me parler de votre pays ?
  Citez votre pays, votre ville. Donnez quelques caractéristiques géographiques et culturelles.
- Que faites-vous de votre temps libre ?
  Citez des loisirs, des activités et expliquez pourquoi vous les appréciez.

Commencez par saluer l'examinateur, puis dites votre nom et votre prénom.

Essayez de sourire. Donnez une bonne image de vous. Il est toujours plus agréable de parler avec une personne positive, qui dégage de la sympathie.

Prenez le temps de réfléchir à ce que vous voulez dire. Un dialogue est toujours ponctué d'hésitations, même en langue maternelle. Ce n'est pas grave si vous hésitez, l'examinateur a le temps.

N'hésitez pas à faire répéter l'examinateur si vous n'avez pas compris. Utilisez des expressions comme « Pardon ? », « Je n'ai pas compris », « Pourriez-vous répéter votre question ? ».

Se préparer à l'examen ne veut pas dire apprendre par cœur un discours tout fait. L'important est de s'adapter à la situation et de répondre aux questions de l'examinateur.

Il est très bon de relancer la discussion par une question à l'examinateur. Mais ne soyez pas trop indiscret/ète, cela risque d'être pris pour de l'impolitesse !

Les questions sont très ouvertes et c'est souvent à vous de décider du sujet à aborder. Vous pouvez parler de sport, de littérature, de voyages ou de sorties entre amis... Mais attention, comme c'est vous qui choisissez ce sujet, vous devez montrer que vous savez en parler.

L'examinateur ne vérifiera pas si ce que vous dites est vrai !

■ Exercice 1

Questionaire de Proust : amusez-vous !

- Ce que vous aimez et détestez le plus chez vous.
- Ce que vous aimez et détestez le plus chez les autres.
- Votre meilleur/pire souvenir.
- La dernière fois que vous vous êtes senti fier/fière de vous.
- La personne que vous admirez le plus.
- En quoi vous vous transformeriez si vous aviez une baguette magique.
- Le don que vous aimeriez avoir.
- Les trois livres/objets que vous emporteriez sur une île déserte.
- Le livre/film qui mérite d'avoir une suite.

Les clés pour parler de...

la vie étudiante et d'entreprise

2

DANS CETTE UNITÉ, NOUS ALLONS PARLER DE LA VIE ÉTUDIANTE ET DE LA VIE D'ENTREPRISE

Les clés pour

- **raconter une histoire**
- **parler de souvenirs d'école**
- **parler du monde du travail**

Les clés pour bien utiliser

- **l'imparfait**
- **la combinaison passé composé / imparfait**
- **le plus-que-parfait**
- **le but**

Entraînement au DELF B1. Les clés

- **de l'interview (CO)**
- **de la lettre formelle** (lire pour s'informer) **(CE)**
- **du journal intime (PE)**
- **de l'exercice en interaction (1) (PO)**

1 | Raconter une histoire

A Retrouvez à quelle suite correspondent ces introductions.

1. Tu sais ce qui m'est arrivé hier ?
2. Il était une fois...
3. Tu connais pas la dernière ?
4. Alors, c'est l'histoire de Toto qui arrive à la cantine et qui voulait manger des frites.
5. Au fait, je t'ai déjà raconté...

a. J'étais tranquille dans la cour et un prof vient vers moi et me dit...
b. un petit garçon qui ne voulait jamais aller à l'école. Sa maman lui disait...
c. Eh bien, Marie a un nouveau petit ami. Figure-toi qu'ils se sont rencontrés à l'anniversaire de...
d. Il était très affamé et pour lui c'était très important...
e. comment j'ai fait pour avoir mon exam d'éco ? Ben, j'ai cherché sur Internet...

B Quelle introduction utilise-t-on pour raconter :
un conte   un potin   une expérience personnelle   une histoire drôle

C À votre tour, racontez une histoire en utilisant chacune de ces introductions.

• *Alors, c'est l'histoire d'une petite fille qui...*

LE MATÉRIEL SCOLAIRE
- Dans le cartable : des livres de cours (de maths, de français, etc.), des cahiers, des classeurs.
- Dans la trousse : un stylo, un crayon, un stylo plume, une gomme, une règle, un taille-crayon et un effaceur.

2 | Le bulletin scolaire

A Lisez le bulletin scolaire de Diégo. Dites quel type d'étudiant il est.

Bulletin trimestriel :
Diégo Liria

Matière	Moyenne	Appréciations et recommandations des professeurs
Français	14,5/20	Élève doué et attentif, très intéressé. Excellent travail. Attention à l'orthographe.
Maths	12/20	Des résultats moyens pour ce trimestre. Manque de travail à la maison et inattention en classe.
Langue vivante 1 Anglais	16/20	Diégo est un enfant doué pour les langues et pour la communication. Peut améliorer ses résultats en faisant un petit effort de participation.
Langue vivante 2 Espagnol	16,5/20	Excellent élève, très vivant. Les résultats sont en nette progression.
Histoire et géographie	10,5/20	Ce n'est pas brillant en histoire ce trimestre. Il faut dire qu'il est difficile de faire deux choses en même temps : amuser les autres et écouter le prof. Peut mieux faire.
Physique	11/20	Élève moyen. Diégo doit faire plus d'efforts et se montrer plus coopératif pendant les Travaux Dirigés.
Sciences naturelles	14,5/20	De bons résultats sur ce trimestre, mais je regrette que Diégo ne soit pas plus persévérant dans les éléments qu'il ne comprend pas. Peut mieux faire.
Éducation physique et sportive	8/20	Élève dissipé et quelque peu rebelle. Un peu de discipline améliorerait nettement ses performances sportives qui ne sont pas brillantes.
Musique	14/20	De réelles dispositions pour la musique, mais une attitude endormie en classe et un manque d'effort.
Arts plastiques	9/20	Ne se montre pas intéressé par le dessin et ne fait pas d'efforts. Des résultats décevants.
Éducation manuelle et technique	11,5/20	Diégo est distrait en classe et ne se concentre pas. C'est dommage et ses résultats reflètent son manque de travail et d'efforts.

Je crois que Diégo est bon en langues parce que son professeur... par contre...

B Cherchez dans le bulletin les adjectifs relevant des qualités ou des défauts.

C Marc est le premier de la classe. Par contre, Éric est le dernier. Ils sont absolument opposés. Pouvez-vous compléter ces extraits de leur bulletin avec des expressions de l'exercice B ?

Éric ____________
Il est paresseux.
____
Il est toujours endormi.
____

Marc, c'est un élève sage.
____
Il est doué.
____
____
C'est un élève obéissant, modèle.

D Et vous, quel type d'élève étiez-vous quand vous étiez à l'école ?

• *Moi, j'étais plutôt sage, mais je n'aimais pas du tout...*

3 | Le parcours scolaire

A Créez des tableaux comme celui ci-dessous avec les noms des établissements, les élèves qui les fréquentent, les niveaux enseignés et les diplômes délivrés.

LES DIPLÔMES
le brevet des collèges / le baccalauréat / la licence / le master / le DUT (Diplôme universitaire technique) / le BEP (Brevet d'éducation professionnelle) / le Bac pro / le BTS (Brevet technique supérieur)

LES NIVEAUX
Petite section / Moyenne section / Grande section / CP (cours préparatoire) / CE1 (cours élémentaire 1) / CE2 / CM1 (cours moyen 1) / CM2 / 6ème / 5ème / 4ème / 3ème / Seconde / Première / Terminale / Première année / 2ème année / Licence / Mastère 1 / Mastère 2

LES ÉTABLISSEMENTS
la maternelle / l'école primaire / le collège / le lycée / le lycée d'enseignement professionnel / l'université / les écoles supérieures

LES ÉLÈVES
un écolier / un collégien / un lycéen / un étudiant

LES ÂGES
3-5 ans / 6-10 ans /11-14 ans / 15-17 ans / 18-21... ans

ÉTABLISSEMENT	ÂGE	NIVEAUX	DIPLÔME	ÉLÈVE
la maternelle	...			

B Pouvez-vous dire en quelle classe sont ces personnes qui ont suivi une scolarité classique sans retard ?

VINCENT a 22 ans

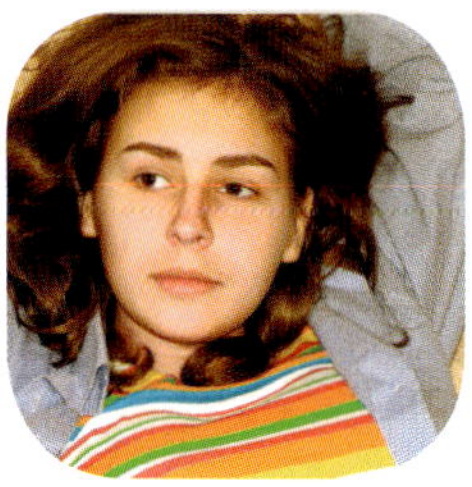

PAULINE a 17 ans

PATRICK a 15 ans

ANNE a 9 ans

Pauline a 17 ans : *Elle va au lycée, elle est en terminale et elle va passer le bac.*

C L'organisation est-elle la même dans votre pays ? Pouvez-vous comparer ?

lexique

LES GRANDES ÉCOLES, UN SYSTÈME ORIGINAL
Elles forment les cadres supérieurs de l'État et de l'économie et opèrent une sélection très stricte des élèves qui entrent sur concours. Tous les grands secteurs d'activité ont leur école : l'ENA pour l'administration, HEC pour les finances, l'École Polytechnique pour les sciences, les Écoles Normales Supérieures (ENS) pour l'éducation, l'École Nationale des Ponts et Chaussées pour le secteur des travaux publics ou encore l'École des Mines pour l'industrie.

L'EXAMEN DU BACCALAURÉAT
L'examen qui sanctionne les études secondaires en France et permet de rentrer à l'université porte le nom de baccalauréat, communément appelé bac.
Créé au début du XIXe S., il existe plusieurs catégories : le bac L (littéraire), le bac ES (économique et social) et le bac S (scientifique), selon la filière choisie au début de la première. Ce sont les filières classiques, mais il y en a d'autres, comme le bac technologique ou le bac professionnel (ou bac pro).
Environ 65 % des élèves arrivent au niveau du bac et 82,5 % le réussissent.

lexique

LES 35 HEURES
Depuis le 11 juin 1996, la plupart des Français travaillent 35 heures hebdomadaires. Cette loi a été votée, initialement, pour créer plus d'emplois, mais en réalité le résultat n'a pas été si évident. La société française a connu, par contre, un bouleversement très important de son rythme. En effet, les salariés travaillent rarement 7 heures par jour, mais prennent plutôt des RTT (Réductions du temps de travail). Ainsi, certains peuvent cumuler jusqu'à 9 semaines de vacances ! Le résultat se fait sentir à tous les niveaux. Les gens sortent ou voyagent plus, les courses peuvent se faire à d'autres moments qu'en soirée ou le week-end, les embouteillages de fin de semaine ont fortement diminué. Et même si cette loi est parfois remise en question, la majorité des Français semble l'apprécier.

4 | La vie au travail

Ces sept personnes se posent des questions sur le fonctionnement de leur entreprise. Dites dans quel chapitre du règlement intérieur elles peuvent trouver les informations suivantes.

A — Nous voulons savoir si nous pouvons compter sur la présence d'un délégué syndical pendant cette réunion.

B — Tu sais si je peux faire garder mes enfants ?

C — Je crois que notre chef n'a pas le droit de nous demander de faire ce type de choses, mais d'abord, il faut vérifier.

D — Je ne sais pas si j'ai le droit de fumer dans mon bureau.

E — Vous pourriez me dire si je peux envoyer des e-mails personnels ?

F — Ici, je sens qu'on ne me donne pas toutes mes chances parce que je suis une femme. J'aimerais savoir ce que je peux exiger.

G — Je crois que j'ai droit à 4 mois de repos après mon accouchement, mais je ne connais pas bien mes droits.

Règlement intérieur

1 | **Communications.** Utilisation d'Internet, d'intranet et du téléphone.
2 | **Défense des salariés.** Droits des salariés et représentation syndicale.
3 | **Discipline.** Respect de la hiérarchie, relations entre collègues, abus d'autorité en matière sexuelle et harcèlement moral.
4 | **Hygiène et sécurité.** Sécurité des bâtiments et sur le poste de travail, nettoyage et lutte contre le tabagisme.
5 | **Lutte contre les discriminations.** Égalité des sexes et des origines.
6 | **Services de l'entreprise.** Restaurant d'entreprise, cafétéria, distributeurs de boissons et de nourriture, chèques voyage et tickets restaurant, crèche et centre de sport.
7 | **Temps de travail.** Horaires et pauses, réduction du temps de travail, congés annuels, de maladie, de maternité, sabbatiques ou pour autres motifs personnels.

LA RECHERCHE D'EMPLOI
Un/e candidat/e
Une candidature
Un recruteur
Une petite annonce
Une lettre de motivation
Un curriculum vitae (CV)
Un entretien d'embauche
Un test
Une sélection de personnel
Une embauche

5 | Secteurs et emplois

Dites dans quels secteurs vous pouvez trouver les professions suivantes :

Un artisan maçon
Un cadre d'hypermarché
Une chef du service client d'une compagnie aérienne
Une directrice de centrale nucléaire
Un employé dans une usine de fabrication de foie-gras
Une enseignante
Un fonctionnaire du ministère de la Recherche
Un intermittent du spectacle
Une psychologue en libéral ≠ salarié
Un patron d'une PME textile
Une ouvrière dans une usine de fabrication de micro-processeurs
Un responsable d'une exploitation agricole
Une salariée dans un bar

Agriculture
Agroalimentaire
Construction
Culture
Électronique
Énergie
Éducation
Fonction publique
Grande distribution
Habillement
Restauration
Santé
Transports

• Dans quel secteur tu souhaiterais travailler ?
○ Moi, je souhaiterais travailler dans le secteur de…

6 | Ressemblances et différences

Un recruteur a eu trois entretiens avec trois candidats. Il les a résumés sous forme de fiches, puis il va parler avec le responsable de l'entreprise. Complétez le dialogue avec les mots suivants :

ressemblances – se ressemblent – les mêmes – sorte – identiques – le même – semblables – comme – différences – on dirait

Nom : Jacques F.
Diplôme : Ingénieur
Expérience professionnelle : 5 ans
Dernier travail : Ingénieur commercial à Xérox
Durée dernier travail : 3 ans
Résultats : +15% ventes de machines
Connaissances professionnelles : **

Nom : Camille C.
Diplôme : BTS Comptabilité
Expérience professionnelle : 5 ans
Dernier travail : Commerciale de produits techniques chez Alcatel
Durée dernier travail : 2 ans
Résultats : +12% chiffre d'affaires de grands comptes
Connaissances professionnelles : ***

Nom : Nicole L.
Diplôme : BTS Gestion
Expérience professionnelle : 4 ans
Dernier travail : Vendeuse chez Siemens
Durée dernier travail : 4 ans
Résultats : +47% chiffre d'affaires global
Connaissances professionnelles : *****

- Tu sais Armand, tous ces candidats ont beaucoup de __________ . Ainsi, au niveau de l'expérience, Jacques et Nicole __________ fortement : ils ont tous les deux 5 ans d'expérience. Par contre, ils n'ont pas eu __________ fonctions. L'un a une expérience d'ingénieur et l'autre est une __________ de technico-commerciale.
- Et Camille ?
- Eh bien, Camille et Nicole ont des parcours presque __________, car elles ont __________ âge et ont fait des études assez __________ . Par contre, les résultats de Nicole sont très impressionnants ! Une amélioration des ventes de 47%, c'est pas mal !
- Et comment tu les as perçus ?
- À vrai dire, au niveau du caractère, __________ que Jacques est plus calme. Il est un peu __________ Camille, très prudent, même un peu trop…
- Alors, ton avis ?
- Ben, je crois que finalement, il y a de grandes __________ au niveau de la maîtrise professionnelle. Nicole a de sacrées connaissances ! Tu sais, franchement, je pense que c'est elle qu'il faudrait embaucher.

7 | L'emploi

A Remettez dans l'ordre les étapes d'un emploi.

- ☐ Signature du contrat d'embauche en contrat à durée déterminée (CDD)
- ☐ Lecture de petites annonces d'emploi
- ☐ Rédaction d'un CV et d'une lettre de motivation pour poser sa candidature
- ☐ Licenciement
- ☐ Chômage
- ☐ Tests psychotechniques et de graphologie
- ☐ Premier poste de travail
- ☐ Promotion sous forme de contrat à durée indéterminée (CDI)
- ☐ Entretien oral entre le candidat et le recruteur

B Décrivez comment vous imaginez votre premier ou votre dernier emploi.

Pour mon premier emploi, je lirai des petites annonces sur Internet, puis je…

lexique

SIMILITUDE

- Une sorte, un type de
  *Le RER est **une sorte de/un type de** métro qui dessert la banlieue de Paris.*
- Ressembler à, se ressembler
  *Le far est un gâteau breton qui **ressemble au** flan.*
  *Paris et Londres sont deux grandes villes européennes, mais elles ne **se ressemblent** pas du tout.*
- On dirait + NOM (impression de ressemblance)
  - *Qu'est-ce que c'est, cette ombre dans le ciel ?*
  - *Je ne sais pas. **On dirait** un avion.* (j'ai l'impression que c'est un avion).
  - *Qu'est-ce que c'est, ce bruit étrange ?*
  - *Je ne suis pas sûr, mais **on dirait** la sonnerie d'un portable.*
- Comme
  *Océane est **comme** sa sœur : toutes les deux étudient très bien à l'école.*
- Même
  *J'ai le **même** diplôme que mon père : une licence en droit.*
- Équivalent, identique, similaire, pareil, semblable
  *Ces 2 ordinateurs sont **semblables** parce qu'ils ont des prestations **similaires**, mais ils ne sont pas **identiques**.*

8 | L'imparfait

A Ces trois personnes nous parlent de leurs souvenirs liés à leur vocations professionnelles. Associez les textes avec les personnes. Complétez avec les verbes qui manquent conjugués à l'imparfait.

mettre avoir soigner trouver punir regarder encourager
passer jouer détester apprécier demander

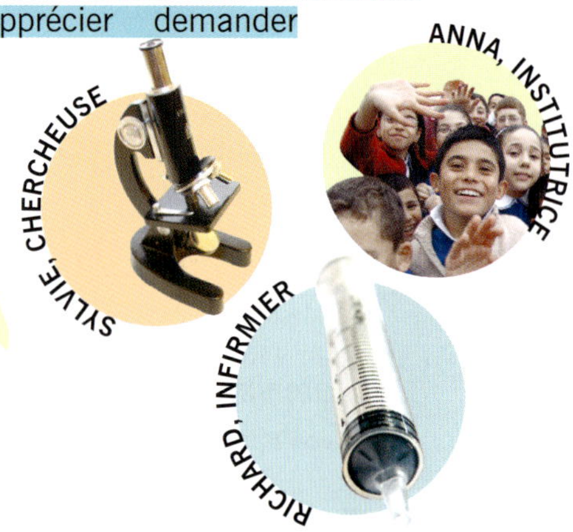

1 Je me souviens, à l'école, je ______ toujours de très près les arbres, les fleurs, les petits insectes et je me ______ comment fonctionnait tout ça. Mes professeurs me ______ toujours parce que je m'attardais dehors et ils en ______ assez de répondre à mes questions.

2 Je ______ mes poupées face au tableau et je ______ pendant des heures et des heures dans ma chambre. Mes amis me ______, je crois, parce que je ______ mon temps à les commander et les diriger. Et je commandais même mes parents, ce qu'ils n'______ pas du tout.

3 Quand j'étais petit, je ______ tout le monde : mon frère, mes peluches, mon chien, tout le monde avait toujours un pansement ou un bandage. Mes parents ______ ça drôle et ils m'______. Un jour ils m'ont offert une trousse avec des instruments. C'était mon jouet préféré.

LE PARTICIPE PASSÉ
-é : *chanté, allé, né…*
-i : *fini, parti, sorti…*
-du : *perdu, descendu, rendu…*
-is : *pris, mis, acquis…*
-it : *écrit, conduit, dit…*
-ert : *ouvert, offert, couvert…*
-u : *pu, su, vu, venu, lu…*
-t : *peint, fait, craint…*
Attention !
devoir : *dû*
mourir : *mort*

B Et vous, qu'est-ce que vous aimiez faire quand vous étiez petit/e ? Écrivez un petit texte.

Quand j'étais petit, j'adorais…

- Qu'est-ce que tu aimais faire quand tu étais petit ? Tu avais une vocation ?
- Non, pas vraiment, mais je faisais toujours…

9 | Passé composé / Imparfait

A Thierry raconte son premier entretien d'embauche. Complétez avec les actions qui manquent conjuguées au passé composé.

s'asseoir commencer arriver en avance commencer à rire
faire entrer dans le bureau sortir se bloquer

le DRH

Je vous ai déjà raconté mon premier entretien d'embauche ? Une vraie catastrophe ! Alors, le matin, je ______ au rendez-vous. La secrétaire m'______, je ______ devant le directeur des ressources humaines. Quand il ______ à me poser des questions, je ne sais pas pourquoi, je ______. Il a insisté et j'______, mais d'un rire incontrôlable. Finalement, je ______ et j'ai couru aux toilettes pour me calmer. Après on a fait un entretien un peu plus sérieux, mais inutile de vous dire que je n'ai pas eu le job.

B Voici des commentaires que vous pouvez intégrer dans le récit précédent en les conjuguant à l'Imparfait.

être élégant
porter un costume avec une cravate
ne pas vouloir être en retard
être nerveux
avoir l'air sérieux
être incapable de dire un mot

Je vous ai déjà raconté mon premier entretien d'embauche ? Une vraie catastrophe ! Alors, le matin, je suis arrivé en avance au rendez-vous, je ne voulais pas être en retard...

C Voici la même histoire racontée par le directeur du personnel. Conjuguez les verbes entre parenthèses au passé composé ou à l'imparfait.

Je me souviens d'un entretien particulièrement catastrophique. C'était avec un jeune homme. Ma secrétaire l'a fait entrer dans le bureau et il ______ (*s'asseoir*). Il ______ (être) très nerveux. Je me souviens qu'il ______ (*porter*) un costume qui ne lui ______ (*aller*) pas du tout. J'ai commencé à lui poser des questions et il ne m' ______ (*répondre*). Il est devenu tout rouge mais il ne ______ (pouvoir) rien dire. Comme je le ______ (*regarder*) sévèrement, il ______ (*commencer*) à rire comme un fou. J' ______ (être) à la fois surpris et contrarié. Je lui ______ (*demander*) ce qui se passait et, sans rien dire, il ______ (*se lever*) et il ______ (*courir*) aux toilettes. Il ______ (*revenir*) cinq minutes plus tard et on ______ (*pouvoir*) commencer l'entretien, mais inutile de dire que je ne l'ai pas embauché.

grammaire

SITUER UNE ACTION PASSÉE

- On peut utiliser :
  hier, lundi dernier, la semaine dernière/ passée, le mois dernier, etc.
  ***La semaine dernière**, je suis allé à un entretien d'embauche.*
- Pour mettre une action en rapport avec un événement antérieur :
  le jour d'avant / la veille, la semaine d'avant / précédente, le mois d'avant / précédent, trois jours auparavant...
  ***La veille**, j'avais cherché des informations sur l'entreprise, mais je n'avais rien trouvé.*
  ***Dimanche dernier**, nous avons fait un grand repas surprise pour l'anniversaire de mon père. Nous avions tout prévu **un mois avant**.*

D À votre tour, racontez un entretien dont vous vous souvenez particulièrement.

Quand j'avais 15 ans, je suis allé...

- *Anne, est-ce que tu te souviens d'un entretien en particulier avec un prof ou avec tes parents ?*
- *Ah oui ! Avec un prof de musique quand j'avais douze ans, j'étais au collège et...*

10 | Le plus-que-parfait

Pouvez-vous imaginer, comme dans le modèle, ce que ces personnes avaient fait avant ? Utilisez les mots suivants : **la veille**, **la semaine d'avant**, **deux jours avant**, **l'année précédente**.

Hier, Pierre a été puni face au mur

Hier après-midi, Pierre a été puni par son instituteur. Il n'avait pas fait ses devoirs la veille. En plus, pendant la matinée, il n'avait pas écouté ce que l'instituteur disait et il n'avait pas pu répondre aux questions de l'interrogation. Donc, le maître l'a mis face au mur et lui a donné une punition à faire à la maison.

Le mois dernier, Luc a eu son bac

travailler — prendre des vitamines — ne pas sortir pendant des mois — prendre des cours particuliers

Laura a lu sa première fiche de paye

faire un stage dans l'entreprise — envoyer son CV — faire plusieurs entretiens avec le chef du personnel

11 | But

A Voici les résultats de la question suivante posée durant un micro-trottoir : *Pourquoi pensez-vous que tant de jeunes partent travailler à l'étranger* ? Relevez les expressions qui expriment le but.

- Je pense qu'ils le font afin de connaître mieux un autre pays.
- Ben, c'est clair ! Ils font ça pour mieux parler une langue étrangère.
- Pour rien ! Ils perdent leur temps.
- Je crois que c'est dans le but d'acquérir un savoir-faire professionnel différent.
- Je sais pas et je veux pas le savoir.
- C'est toujours la même chose. Leur objectif, c'est avoir un bon CV.
- S'ils font ça, c'est sans doute pour élargir leurs connaissances pratiques et culturelles.
- Aucune idée !

B Répondez aux questions suivantes en complétant les phrases. Utilisez une expression de but différente à chaque fois.

Pourquoi vous apprenez le français ?
Dans quel but vous suivez ou avez suivi des études ?
Pourquoi les étudiants font-ils des stages ?
Pourquoi veut-on que les enfants ne travaillent pas ?
Pourquoi licencier des employés quand une entreprise va bien ?

- *Pourquoi vous apprenez le français ?*
- *J'apprends le français afin de...*

LE BUT
Pourquoi voulez-vous aller en France ?
Dans quel but/objectif voulez-vous aller en France ?
- **Afin de** + INFINITIF
  ***Afin de** parler couramment le français.*
- **Pour (ne pas/plus/jamais/rien)** + INFINITIF/NOM
  ***Pour** parler couramment le français.*
  *Pour **ne plus avoir** de problèmes en français.*
  Pour mes études de littérature française.
- **Dans le but de** + INFINITIF
  ***Dans le but de** parler couramment le français.*

L'imparfait

L'imparfait se forme à partir du radical de la première personne du pluriel au présent : *nous **pren**ons, nous **buv**ons, nous **fais**ons.*

	PRENDRE
je	prenais
tu	prenais
il/elle/on	prenait
nous	prenions
vous	preniez
ils/elles	prenaient

	BOIRE
je	buvais
tu	buvais
il/elle/on	buvait
nous	buvions
vous	buviez
ils/elles	buvaient

	FAIRE
je	faisais
tu	faisais
il/elle/on	faisait
nous	faisions
vous	faisiez
ils/elles	faisaient

L'imparfait d'habitude

Pour évoquer un souvenir, une habitude passée, on utilise généralement l'imparfait.

*Enfant, j'**allais** à l'école de mon village. Nous **étions** seulement 15 dans ma classe.*
*Avant, j'**allais** au cinéma tous les week-ends. Maintenant, je ne peux plus.*

Utiliser les temps du passé : passé composé/imparfait

- **Le passé composé**
  Il est utilisé pour parler d'actions ou d'événements passés, récents ou lointains.
  ***J'ai terminé** mes examens la semaine dernière.*
  *Il y a 10 ans, **j'ai fait** mon premier voyage en Grèce.*

- Il faut souvent utiliser deux temps pour raconter quelque chose au passé :
  - Le passé composé sert à marquer les faits qui font progresser le récit (de premier plan)
    *Je **suis allé** au cinéma, j'**ai vu** Amélie, j'**ai rencontré** Claire, on **est allés** boire un verre, je **suis rentré** à 1h du matin.*
  - L'imparfait permet de décrire des faits qui sont « autour » des actions racontées au passé composé. Ce sont des informations qui ne font pas progresser le récit (de deuxième plan) :
    faire des descriptions (1),
    expliquer le pourquoi d'une chose (2),
    donner ses impressions (3).

  *Lundi soir, je suis allé au cinéma **parce que je ne travaillais pas mardi matin** (2). J'ai vu « Taxi ». **Il y avait beaucoup de monde dans la salle et il faisait chaud** (1). Le **film était super** (3). J'ai rencontré Claire **qui était très élégante** (1). On est allés boire un verre dans un bar, **c'était très sympa** (3). Je suis rentré à 1h du matin, **il n'y avait personne dans les rues** (1).*

Le plus-que-parfait

Pour indiquer qu'un événement passé est antérieur à un autre événement passé, on utilise le plus-que-parfait.

Il se forme en conjugant l'auxiliaire **avoir** ou **être** à l'imparfait + participe passé (P.P.).

*Tiens, hier, je suis sorti avec Bénédicte. Je lui **avais téléphoné** la veille et on s'**était donné** rendez-vous.*

Le présent pour raconter un événement passé

- Pour raconter quelque chose au passé, on n'utilise pas uniquement le passé composé, l'imparfait et le plus-que-parfait. On fait aussi parfois appel au présent pour rendre le récit plus vivant, comme s'il se passait à l'instant où l'on parle.

  *Tu sais ce qui m'est arrivé hier ? J'ai rencontré un drôle de type à l'université. J'étais au bar et je **vois** ce type s'approcher tranquillement. Alors, il **s'assied**, il me **regarde** et il me **dit**...*

Texte oral 1

A Écoutez l'entretien d'un candidat et de l'employé d'une agence intérim. Remplissez la fiche suivante en fonction des éléments du dialogue.

Secteur : .... Type de poste : ....
Accepte un CDD après l'interim ☐ Salaire entre .... et .... euros.
Problèmes de santé : ....
Disposé à : voyager ☐ travailler à l'air libre ☐
Type de permis de conduire : A ☐ B ☐ C ☐ D ☐ E ☐

B Remplissez la fiche précédente pour vous-même.

C Réécoutez le dialogue et repérez dans le texte les expressions qui permettent de demander une confirmation.

- Si vous êtes engagé en intérim pour commencer, seriez-vous prêt par la suite à travailler en contrat à durée déterminée.....
- Si nous n'arrivons pas à ce chiffre, pourrais-je obtenir une compensation par des avantages en nature, comme une voiture ou des tickets voyage ou des tickets restaurant.....
- Dans les entreprises où je travaillerai, je serai syndiqué.....
- Un détail, êtes-vous prêt à voyager.....
- Et en usine, pas de problème, je pense.....
- Vous êtes disponible immédiatement.....

Vous remarquerez que :
- les demandes de confirmation avec **n'est-ce pas** et **non** sont précédées d'une intonation ascendante et qu'elles ont une intonation ascendante, comme pour une question ;
- les demandes de confirmation avec **j'imagine**, **je pense** et **je suppose** n'ont pas de variation d'intonation (ni ascendante, ni descendante).

Texte oral 2 – Junior

A De quoi parle l'enregistrement ? Cochez les réponses correctes.

☐ D'un lycée en banlieue londonienne.
☐ D'un groupe d'étudiants Erasmus.
☐ D'élèves d'une classe de première.
☐ D'un lycée de banlieue parisienne.
☐ D'un échange linguistique.
☐ Des voyages dans le futur.
☐ Des voyages scolaires dans le passé.
☐ D'une initiative originale.

B Répondez aux questions :
- En quoi consiste l'initiative dont on parle dans cet enregistrement ?
- Pourquoi les élèves ne partent-ils pas l'année du bac ?
- Qui est le jeune garçon interviewé et quel est son sentiment ?
- Qu'est-ce que le proviseur du lycée pense que cette expérience apporte aux élèves qui y participent ?

C Les mots suivants apparaissent dans l'enregistrement. Pouvez-vous retrouver à quoi ils font référence et les remettre dans une phrase ?

séjour linguistique attrayant banlieue
un échange dresser un bilan bagage culturel ouverture d'esprit

Texte écrit 1

A Lisez le texte suivant et donnez une définition du CV anonyme.

Le CV anonyme,

une réponse aux discriminations ?

« Les discriminations minent le futur des entreprises ». C'est sous ce slogan qu'ont commencées les journées du MEDEF au Palais des congrès de Paris. Ces discriminations dont tout le monde parle, mais contre lesquelles personne ne sait, ou ne veut, vraiment lutter, sont pourtant largement combattues dans d'autres pays, notamment en Amérique du Nord. Là, peut-être pour mieux intégrer les centaines de milliers d'immigrants qui arrivent chaque année et surtout afin de ne pas creuser davantage les différences entre des communautés déjà très éloignées, une politique de quotas égalitaires entre communautés a été établie. Cela s'appelle la parité quand il s'agit des femmes ou, de façon plus large, la discrimination positive quand elle concerne aussi les personnes immigrées ou handicapées.

Une des dernières nouveautés ici (mais pratiquée depuis plus de 20 ans aux États-Unis) est le CV anonyme. De quoi s'agit-il ? Selon Anne Garigou, de « Recrutement Plus », « C'est, avec une présentation à peu près identique au traditionnel CV, une façon de lutter contre les a priori des recruteurs » en effaçant le nom des personnes, leur sexe, leur âge, voire même parfois leur lieu de résidence, et en quittant la sacro sainte photo. « Si vous leur en parlez, les recruteurs trouvent ça absurde, mais quand vous leur expliquez bien, ils comprennent les avantages de cette notion de sélection plus élargie. » Elle permet de ne plus prendre en compte que le candidat est un immigré ou un Français de 2ème ou 3ème génération, une femme ou un handicapé. Ce n'est qu'au premier rendez-vous que les recruteurs s'en rendent compte.

Ce CV permet d'éviter des cas comme celui de Fatima Youssouf, directrice de « La soie », une des PME les plus dynamiques du secteur de la confection. Elle nous raconte qu'après son mastère de gestion, elle a commencé à chercher du travail dans le secteur textile, mais on ne lui proposait que des postes de couturière ou d'ouvrière en usine. Fatiguée de tant d'hypocrisie, elle s'est réinventée un jour un nom : Annie Lacouture. C'était pourtant un nom qui sentait de loin la supercherie, mais en frappant à la porte de quelques grandes entreprises du secteur, et au vu de son cursus impressionnant, tous lui ont proposé un rendez-vous. Et quelle surprise quand ils la recevaient ! Elle ne ressemblait plus à cette ravissante blonde de la photo, mais c'était une tout aussi jolie Française d'origine tunisienne, qui savait se défendre comme une lionne et a rapidement trouvé un patron qui a bien voulu d'elle.

Alors, le CV anonyme, l'arme idéale ? Certains pensent que le risque est de continuer à voir la société aller dans le sens du communitarisme à l'anglo-saxonne, où chaque communauté a ses droits et lutte pour les conserver au prix d'une intégration moindre. La République française le supporterait-elle ?

B Résumez les avantages et les inconvénients du CV anonyme.

C Dans quel but le CV anonyme s'est probablement imposé aux États-Unis ?

D Faites une liste des verbes au passé-composé et à l'imparfait de l'histoire de Fatima Youssouf et expliquez pourquoi ces temps sont utilisés.

Texte écrit 2 – Junior

A Lisez le texte, puis répondez aux questions.

la guerre aux blogs a commencé

Les collèges et les lycées menacent de se convertir en champ de bataille virtuel. En effet, loin des bagarres et des mauvaises blagues de l'époque de nos parents, le phénomène des blogs de collégiens et de lycéens a mis en lumière les relations conflictuelles que vivent parfois les jeunes dans nos établissements. Les cibles préférées dans les blogs : nos profs et nos camarades.

Selon la délégation interministérielle aux usages de l'Internet (DUI), plus d'un élève sur deux dans les collèges et lycées anime ou participe à un blog. Rien de plus facile que de prendre des photos avec son portable et de les publier ensuite avec des légendes pas toujours respectueuses, voire même insolentes ou insultantes. La direction de plusieurs lycées, avertie de ces dérapages de langage, n'a pas hésité à exclure certains des élèves auteurs de ces insultes. Chaque fois, c'est un « Skyblog » qui a mis le feu à l'établissement. Tous sont hébergés par la plate-forme lancée par Radio Skyrock. L'outil cartonne : 6 000 nouveaux blogs s'ajoutent quotidiennement au 1,6 million de sites persos déjà recensés !

Mais il ne faut pas non plus penser que les blogs servent seulement à dénigrer profs ou camarades de classe. On trouve aussi toutes sortes de blogs, par exemple les blogs-passion, où les jeunes peuvent parler de ce qu'ils aiment avec des photos et des commentaires, les blogs-journal intime, une espèce de fenêtre sur soi qu'on ouvre aux autres, les blogs-forum où les membres d'un groupe se retrouvent pour échanger des informations et des commentaires, ou le blog-« déconne » ou « délire » avec des photos d'une soirée ou d'un voyage et qui permet de faire des montages, le tout dans un langage indéchiffrable par les non-initiés.

Le but d'un blog est d'être visité par un maximum d'internautes, signe qu'il est populaire. Mais qui va vouloir visiter un blog avec des photos de mes dernières vacances ou de mon chien ? Par contre, une photo inconvenante d'un prof avec un commentaire acide rencontrera beaucoup plus de succès et l'auteur acquerra pour le coup une sorte de célébrité bien utile. Mais cette célébrité peut coûter cher et aller, on l'a vu, jusqu'au renvoi définitif de son auteur.

Les réactions des chefs d'établissement et des professeurs face à ce nouveau phénomène sont diverses et la sévérité n'est pas toujours de mise. Dans certains cas, on a demandé aux élèves des excuses publiques sans pousser l'incident plus loin, et dans d'autres, on a opté pour la mise en place d'un débat sur les frontières entre vie privée et domaine public, le but étant de faire percevoir aux élèves la différence entre une discussion de cour de récré et l'étalage de propos diffamatoires sur Internet.

- De quel phénomène parle-t-on dans ce texte ?
- Quelles manifestations différentes peut-on trouver de ce phénomène ?
- Quelles sont les conséquences du problème évoqué ?

B Recherchez dans le texte des mots pour compléter les phrases suivantes.

Si tu veux, tu peux m'envoyer un texto sur mon .... ou, si tu préfères, un courriel.
Je ne sais pas ce qui se passe en ce moment mais pendant la pause, il y a toujours des .... entre les élèves. Ils se battent à la moindre réflexion.
Le .... dirige ses profs et ses élèves d'une main de fer. Il n'est pas très aimé, mais il est respecté.
Vous me dites que vous n'avez pas pu faire vos devoirs parce que votre main a refusé de prendre un crayon ? Vous .... de moi ? Attention, ça peut vous coûter cher !

C Essayez de trouver une définition des mots suivants, puis utilisez-les dans une phrase qui en illustre le sens.

conflictuel   une cible   un renvoi   indéchiffrable   un incident

LES CLÉS DE L'INTERVIEW

Dans cette épreuve, vous allez entendre une interview. Vous avez quinze secondes pour lire les questions. Ensuite, vous entendrez deux fois le document, avec une pause de quinze secondes entre les deux écoutes pour commencer à répondre, puis vous aurez trente secondes pour compléter vos réponses.

■ Exemple

Répondez aux questions en cochant la bonne réponse.

Transcription :

- *Bonjour. Vous êtes institutrice dans une école primaire de la banlieue parisienne. Pouvez-vous nous expliquer ce qui fait votre particularité ?*
- *Je travaille avec tous les élèves de l'école, je n'ai pas de classe attitrée. Chaque jour, les instituteurs me confient des élèves, souvent des cas difficiles ou des enfants en échec scolaire. Je peux donc commencer une journée par un atelier d'écriture avec des élèves d'une classe de CM1 et finir ma journée avec du soutien à la lecture pour ceux du CE2.*
- *Comment êtes-vous arrivée dans cette école ?*
- *J'ai d'abord enseigné dans une classe ordinaire pendant 2 ans. Les enfants étaient turbulents et j'ai beaucoup étudié sur le sujet de la discipline, qui va souvent de pair avec les mauvais résultats. Je me suis intéressée aux élèves en difficulté et aux moyens d'y remédier. Alors, dès qu'un poste d'enseignant sans classe fixe s'est libéré, j'ai sauté sur l'occasion. Ce n'est pas fréquent.*
- *Quels sont les points positifs et négatifs de votre métier ?*
- *J'apprends beaucoup avec les enfants, tous les jours. Je monte des projets de A à Z. Le seul problème, c'est quand je suis absente. Il n'y a personne pour me remplacer.*

1. Dans la journée, l'institutrice...

- [x] anime des ateliers pour les enfants en difficultés.
- [ ] regroupe des élèves de niveaux différents pour un atelier.
- [ ] s'occupe d'une classe quand un instituteur est absent.

La 1ère proposition est vraie. Détectez les mots-clés dans la transcription, ils vous aident à répondre (ici, ces mots ont été soulignés).
La 2ème proposition est à exclure parce qu'elle indique que dans une même journée, elle a des niveaux différents, mais pas en même temps.
On ne peut pas affirmer que la 3ème proposition soit vraie. Rien n'est dit à ce sujet.

2. Elle a étudié pendant 2 ans pour faire ce métier ?

- [ ] Vrai
- [x] Faux

Elle était institutrice avec une classe fixe, pendant 2 ans.

3. Quelle est la spécificité de cette institutrice ?

Elle n'a pas de classe attitrée/fixe.

L'information est répétée deux fois dans le texte, sous différentes formes « je n'ai pas de classe attitrée », « un poste d'enseignant sans classe fixe ».

Le sujet de cette épreuve peut concerner le travail ou les études.

Vous n'êtes pas obligé/e de tout comprendre, mais vous devez centrer votre attention sur les éléments importants en rapport avec les questions posées.

La structure d'une interview est souvent très simple : tout d'abord, le journaliste commence par présenter la personne interviewée, puis il lui pose des questions. Celles-ci doivent vous orienter dans vos réponses.

Attention ! Les questions de l'examen ne suivent pas toujours l'ordre du texte. Restez concentré/e du début à la fin.

■ Exercice 1

Dans cette épreuve, vous allez entendre une interview. Vous avez quinze secondes pour lire les questions. Ensuite, vous entendrez deux fois le document, avec une pause de quinze secondes entre les deux écoutes pour commencer à répondre aux questions, puis vous aurez trente secondes pour compléter vos réponses.

Répondez aux questions en cochant la bonne réponse ou en écrivant l'information demandée.

1. Comment s'appelle cette émission de radio ?

☐ L'égo moqueur.
☐ Les globe-trotteurs.
☐ Les brocanteurs.

2. Cette émission est hebdomadaire.

☐ Vrai
☐ Faux

3. Dans quel domaine travaille Dominique ?

....

4. Qui sont ses clients ?

☐ Des princesses.
☐ Des architectes.
☐ Des décorateurs.

5. Citez une qualité pour travailler à l'étranger selon Dominique.

....

LES CLÉS DE LA LETTRE FORMELLE (LIRE POUR S'INFORMER)

Dans cette épreuve, **lire pour s'informer**, vous allez lire une lettre formelle dont la provenance peut être diverse : une entreprise, un magasin, une banque, la Poste, la compagnie d'électricité, une association, un club sportif, etc. Vous devrez ensuite répondre à des questions.

■ Exemple

Observez dans ce modèle les éléments que doit contenir une lettre formelle :

1. Le nom et l'adresse de l'expéditeur
2. Le nom et l'adresse du destinataire
3. La date
4. L'objet de la lettre
5. La formule d'appel (ou le titre de civilité)
6. La formule de politesse
7. La signature

« Le commerce dans le monde »
5, place de la Cathédrale
67000 Strasbourg ❶

❷ Frédéric Letrand
2, rue de la Paroisse
67000 Strasbourg

Strasbourg, le 4 juillet 2005 ❸
Objet : réponse favorable à la candidature ❹

Cher Monsieur Letrand, ❺

J'ai le plaisir de vous informer que votre collaboration en qualité de vacataire est, conformément à la loi en vigueur, retenue pour la période du 2 septembre 2005 au 29 août 2006.

Vous êtes engagé pour assurer la rédaction d'articles pour notre revue plurilingue « Le commerce dans le monde ».

La rémunération pour chaque commande d'articles est fixée à 78 euros brut. Cette rémunération sera versée sous réserve d'acceptation de vos travaux par la commission. Seuls les articles retenus et rémunérés seront utilisés. Vous recevrez une somme forfaitaire brute incluant vos congés payés et dont seront déduites les cotisations sociales correspondantes à votre situation.

Si les conditions vous agréent, je vous remercie de faire parvenir à Mme Bizeau, par retour de courrier, le double de la présente, daté, signé et précédé de la mention « Bon pour accord ».

❻ Je vous remercie très sincèrement de votre collaboration et vous prie d'agréer, Cher Monsieur Letrand, mes sincères salutations.

❼ C Chaumes

Céline Chaumes
Responsable éditoriale

Il est important de repérer rapidement les éléments de la lettre formelle. Certains permettent d'identifier des informations fondamentales (objet de la lettre) et d'autres sont indispensables, mais n'ont pas de conséquences sur le contenu (formule de politesse).

■ Exercice 1

Lire pour s'informer

Lissez le texte ci-dessous, puis répondez aux questions en écrivant l'information demandée.

Caisse d'allocations familiales du Var
10, rue de Zurich
67000 Strasbourg

N° allocataire : 01-3214875-G
Pour nous contacter : 02 94 84 84 77

Frédéric Letrand
2, rue de la Paroisse
67000 Strasbourg

Strasbourg, le 2 juillet 2005

Monsieur,

Vous vivez maritalement et nous ne connaissons pas les ressources 2002 et 2003 de votre concubin/e. Nous avons modifié les informations contenues dans votre dossier de revenu minimum d'insertion. Nous avons donc étudié vos droits, qui changent à partir du 01/04/05.

Il apparaît après calcul que pour l'allocation de logement social (ALS), vous avez reçu 702,27 euros alors que vous n'y aviez pas droit. Vous nous devez donc la somme de 702,27 euros. Nous vous remercions de nous adresser cette somme par virement au CCP de notre Caisse ou par chèque libellé à l'ordre de l'agent comptable. Lors de votre règlement, veuillez rappeler votre numéro d'allocataire et la référence Créance IN4 001.

En cas de difficulté, n'hésitez pas à nous contacter.

Réponsable CAF du Var

Votre caisse d'allocations familiales

1. Ce courrier annonce une bonne ou une mauvaise nouvelle ? ....

2. Qui écrit ? ....

3. À qui ? ....

4. Quel est l'objet de la lettre ? ....

....

5. Que doit faire le destinataire à la suite de ce courrier ? ....

....

ENTRAÎNEMENT AU DELF B1 Partie 3 - PRODUCTION ÉCRITE

LES CLÉS DU JOURNAL INTIME

Dans cet exercice, vous allez devoir raconter une expérience dans votre journal intime. Vous devez être capable de raconter des évènements, de donner vos impressions et de parler de vos projets dans un texte cohérent de 180 mots environ.

■ Exemple :

Vous rêvez de devenir instituteur/institutrice. Vous avez fait un stage d'une semaine dans une école. Cette expérience ne vous a pas plu. Vous ne savez plus quoi faire comme métier. Écrivez vos idées dans votre journal intime.

Exemple de brouillon :

Institutrice = rêve !
Stage pas intéressant avec Monique. Enfants insupportables. Que de la discipline.
Et maintenant ? Important de décider vite... Université ?
Peut-être écouter papa ? Faire médecine ? Trop long. Pas envie.
Réfléchir : qu'est-ce que j'aime ? Maths oui, mais aussi langues...
RDV avec le conseiller d'orientation, vite !

Cher Journal,
Je suis perdue. Je ne sais plus quoi faire !
Comme tu le sais, j'ai toujours voulu être institutrice. Je viens de faire un stage d'une semaine dans une école... Quelle déception ! Monique, l'institutrice, est très gentille, mais son travail ne m'a pas intéressée. Les enfants sont insupportables et elle passe son temps à faire la discipline.
Maintenant, qu'est-ce que je fais ? Il faut que je décide très vite car nous sommes déjà en février. J'ai moins de 4 mois pour passer mon bac et m'inscrire à la fac. Mais... laquelle ?
Je devrais peut-être écouter papa qui me dit tout le temps que je dois faire médecine. Mais c'est trop long et je n'ai pas envie de passer 10 ans à étudier ! Je ne sais plus... Alors, réfléchissons : quelles sont les matières que j'aime ? Les maths, c'est important pour médecine, mais j'aime aussi les langues.
Bon, il faut prendre une décision. Demain, je prends rendez-vous avec le conseiller d'orientation. Il pourra peut-être me donner quelques bons conseils.

Je te raconterai tout ça demain.

Gérez votre temps.
Vous avez 45 minutes pour écrire 180 mots.
Lisez bien le sujet.
Prenez le temps d'y réfléchir.
Notez quelques idées au brouillon et organisez-les.

Pensez à des exemples. Écrivez directement sur la feuille d'examen : vous n'aurez pas le temps de recopier.

Le plus difficile est d'organiser ses idées. Le sujet vous donne quelques indications de plan : 1 votre désir avant le stage ; 2 le déroulement du stage ; 3 vos impressions après le stage et 4 vos projets.

Vous pouvez dire ce que vous voulez, d'autant plus que vous écrivez à votre journal personnel. Personne d'autre que vous n'est censé le lire. Mais attention ! Cela ne veut pas dire que vos idées doivent partir dans tous les sens. Vous devez bien structurer votre texte.

■ Exercice 1

Vous êtes en mastère de commerce international. Vous avez répondu à l'annonce ci-dessous et vous avez été choisi/e pour faire ce stage.

Racontez dans votre journal intime comment s'est déroulée la première semaine de stage. Décrivez vos relations avec vos collègues de bureau, parlez de ce qui vous a plu, de vos difficultés et de vos projets.

> Offre de stage. Biarritz. Commercial/e.
> Recherche, mise en place et suivi de partenariats.
> Période : juillet-septembre 2005.
> Rémunération : gratification selon le niveau d'étude.
> Profil : BAC + 2 ou BTS.

■ Exercice 2

Pendant vos dernières vacances en France, vous avez rencontré une charmante personne originaire de Toulouse. Vous êtes follement amoureux/euse. Vous aimeriez partir habiter avec elle/lui. Vous hésitez à laisser votre travail et tous vos amis.

Écrivez vos réflexions et vos projets dans votre journal intime.

LES CLÉS DE L'EXERCICE EN INTERACTION (1)

Dans cette épreuve, vous devez jouer une situation avec l'examinateur. On vous propose une situation de deux types : a) faire face à une situation inhabituelle ; b) comparer et opposer des alternatives. Vous devez faire comprendre vos opinions et vos réactions pour trouver une solution à un problème ou à des questions pratiques.

Vous ne disposez pas d'un temps de préparation pour cet exercice. L'épreuve doit durer environ 3 minutes.

Écoutez l'enregistrement correspondant à la transcription ci-dessous. Il s'agit de la reproduction d'une épreuve d'exercice en interaction entre une candidate et un examinateur.

■ Exemple

Sujet 1

Vous deviez rencontrer un/e ami/e et vous avez oublié le rendez-vous. Le lendemain, il/elle vous téléphone pour vous demander ce qui s'est passé. Vous essayez de vous justifier. ler
L'examinateur joue le rôle de l'ami/e.

Transcription :

- *Allô ! Eulàlia !*
- *Ah ! Salut Philippe ! Ça va ?*
- *Oui. Et toi ?* ❶
- *Oui, ça va…*
- *Dis donc, qu'est-ce qui s'est passé hier ?*
- *Oui… Désolée, Philippe, je sais que nous avions rendez-vous, mais ma voiture elle est tombée en panne* ❸.
- *Encore !*
- *Oui ! À nouveau ! Tu sais, moi j'étais en train d'arriver le cours Mirabeau, là, qu'il y a une rotonde,* ❷ *et juste en pleine rotonde, elle est tombée en panne, elle s'est arrêtée, juste au milieu. Moi, j'ai… j'ai eu peur, hein !*
- *Et pourquoi tu n'a m'a pas appelé ?*
- *Ah, tu sais, avec tout… tout le stress que j'ai dû passer, c'était… bon, j'ai pensé trop tard, quoi.*
- *Mais… tu sais que j'ai attendu pendant deux heures ?*
- *Pffff ! C'est pas vrai !* ❶ *Écoute, en plus, moi j'avais oublié mon téléphone, mon portable, à la maison. Tu sais… y a des jours que… pffff…* ❹ *toutes les choses tombent mal.*
- *Oui, je sais. Mais c'est la deuxième fois que tu fais ça !*
- *Bon écoute. Alors en ce cas, on va faire une chose. Euh… Je t'invite samedi soir au cinéma. Qu'est-ce que tu dis ?*
- *Samedi soir !* ❹ *Bon… d'accord. Mais, qu'est-ce qu'on va faire ?*
- *Bon, je sais pas. Bon, on peut aller voir un film. Qu'est-ce que tu préfères ? Une comédie ou un drame ?*
- *Écoute… je pense qu'on pourrait aller voir une comédie. Ce serait sympa.*
- *Ah, mais oui. Bon, alors je te laisse choisir tout : la salle, le film, l'heure… Bon, nous sommes rendez-vous* ❸ *à quelle heure, là ?*
- *Alors, moi je te propose de venir me chercher à la maison.*
- ❺ *D'accord. Alors, je viens vers… 8 heures ?*
- ❺ *Vers 8 heures ? Ah non ! Un peu plus tôt !*
- ❺ *D'accord. Alors 7 heures et demie ?*
- ❺ *D'accord, À 7 heures et demie j't'attendrai en bas.*
- *Parfait ! À samedi alors.*
- *Allez, à samedi !*

Dans ce cas, le sujet propose une situation informelle (deux amis). Observez comment la candidate adapte le registre de langue ❶ (ex. : tutoiement, absence de la particule « ne » dans la négation, etc.).

Vous pouvez constater que la candidate répond au sujet, avec une certaine aisance, mais qu'elle commet aussi des erreurs de lexique ❷ ou que certaines phrases sont parfois mal construites ❸.

Observez aussi les hésitations ❹ tant de l'examinateur que de la candidate. Elles sont normales dans une conversation.

L'examinateur n'est pas forcément d'accord avec la candidate (ici : l'heure du rendez-vous) mais ce qui est important c'est sa capacité de réaction (ici : proposer une alternative). ❺

Vous pouvez consulter les grilles d'évaluation des pages 107-108. Avec un/e camarade, essayez d'évaluer cette production orale, puis proposez une note.

■ Exercice 1

Au choix par tirage au sort :

Sujet 1
Vous arrivez à l'hôtel, fatigué/e. En vous installant, vous voyez une souris qui traverse votre chambre. Vous allez à la réception pour demander à changer de chambre. L'examinateur joue le rôle du/de la réceptionniste.

Sujet 2
Vous voulez partir en vacances cet été avec un/e ami/e. Vous avez trouvé une offre sur Internet pour un pays où vous avez très envie d'aller depuis longtemps. Votre ami/e veut rester en France sous prétexte qu'il/elle ne parle pas anglais. Vous essayez de le/la convaincre. L'examinateur joue le rôle de l'ami/e.

Les clés pour parler de...

sorties et de voyages

3

DANS CETTE UNITÉ, NOUS ALLONS PARLER DE SORTIES ET DE VOYAGES : PRÉPARATIFS, TRANSPORTS, DESTINATIONS...

Les clés pour

- **faire un choix**
- **parler de la santé**
- **conseiller et donner un avis**

Les clés pour bien utiliser

- **l'hypothèse réelle**
- **l'opposition et la concession**
- **le présent du subjonctif**
- **la comparaison d'égalité**

Entraînement au DELF B1. Les clés

- **de l'annonce et du message sur répondeur (CO)**
- **du document publicitaire** (lire pour s'orienter) **(CE)**
- **du journal de voyage (PE)**
- **de l'exercice en interaction (2) (PO)**

lexique

LES DROM-COM-TOM

Les dénominations DROM-COM-TOM regroupent certains territoires qui dépendent politiquement de la France.

- Les **DROM** (départements et régions d'outre-mer) sont : la Guadeloupe, la Martinique, la Guyane et la Réunion. Ils sont considérés comme une région de France et la loi s'y applique de la même façon qu'en métropole. Ils peuvent cependant demander une adaptation des lois nationales à leur situation particulière.
- Les **COM** (collectivités d'outre-mer) : la Corse, Mayotte et Saint-Pierre-et-Miquelon. Ils bénéficient d'un statut particulier et ont une certaine autonomie.
- Les **TOM** (territoires d'outre-mer) : la Nouvelle-Calédonie, Wallis-et-Futuna, la Polynésie et les terres australes et antarctiques françaises. Ils bénéficient de plus d'autonomie et ont la possibilité d'accéder à l'indépendance s'ils le souhaitent.

1 | Choisir une destination

Qu'est-ce qui conditionne votre choix d'une destination pour vos vacances ? Notez de 0 à 5 les éléments suivants.

- Le climat (la température, les pluies, etc.)
- Les paysages
- Le dépaysement
- La découverte de la culture et des traditions
- Le coût de la vie (le prix des hôtels, de la nourriture, des transports, etc.)
- Le confort (l'hébergement, les services touristiques, etc.)
- La langue parlée
- La gastronomie (la diversité des plats, l'exotisme, etc.)
- La distance
- La facilité d'accès (les connexions aériennes, l'accès par route, etc.)

Pour moi, ce qui est le plus important c'est le climat parce que...

moins

Qu'est-ce qui est le plus important pour toi, Dieter, quand tu choisis un lieu pour les vacances ?

2 | Les préparatifs du voyage

A Dites ce que vous mettez dans :

du shampooing
une tente de camping
des devises étrangères
une brosse à dents
un permis de conduire
une brosse à cheveux
un rasoir
un passeport
des mouchoirs en papier
la confirmation d'une réservation d'hôtel

une bombe de mousse à raser
une lampe de poche
du savon
un peigne
une carte de crédit
du dentifrice
des lunettes de soleil
un carnet de vaccinations

NOMS COMPOSÉS

- Avec un préfixe : ***anti**virus, **para**pluie, **super**marché*, etc.
- Avec un tiret : *tire-bouchon, rendez-vous*, etc.
- Avec une préposition : *brosse **à** dents, lampe **de** poche*, etc.

B Dites si, avant de partir en voyage, il vous est arrivé d'oublier quelque chose et si cela vous a posé un problème.

Une fois, j'ai oublié...

Est-ce que tu as déjà oublié quelque chose avant de partir en voyage ?

3 | Le corps

A Complétez le texte avec les mots suivants, puis relevez les expressions qui expriment un mouvement ou une position.

arrêté   tombé   courir   debout   sauté   poussait   assis   tirait

J'étais  tranquillement devant le musée d'Orsay, quand j'ai vu un drôle de personnage , pas loin de moi. Il s'est approché de moi, puis il s'est arrêté. J'ai cru qu'il se dirigeait vers quelqu'un d'autre, et j'ai tourné la tête. Tout d'un coup, j'ai senti qu'on me , puis qu'on  sur mon blouson. Quand je me suis redressé, j'ai vu le drôle de type  vers le métro, alors je l'ai suivi. Quand il est arrivé devant les barrières du métro, il a  par-dessus. Moi aussi, j'ai essayé de passer, je me suis , j'ai sauté, et paf ! Je suis  par terre. Résultat : j'ai perdu de vue le voleur et je n'ai jamais retrouvé mon blouson... ni mon portefeuille.

B Connaissez-vous une histoire où vous avez dû courir après quelqu'un ? Comment s'est passée cette course ? Pensez à utiliser le lexique que vous venez de voir.

4 | La santé

A Qu'est-ce qu'ils ont ?

une jambe cassée   la grippe   un rhume
une migraine   une blessure au doigt   un vertige

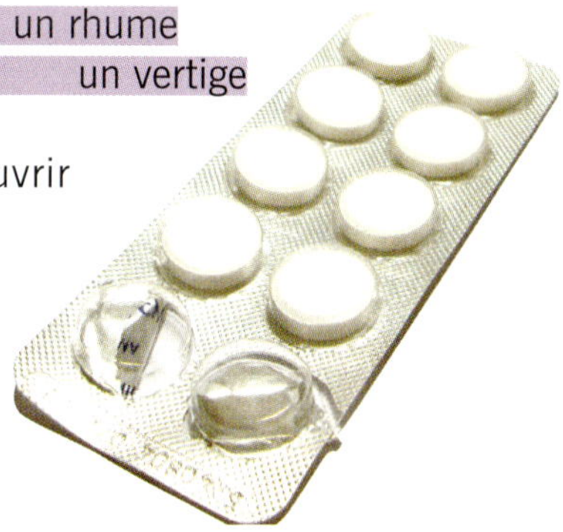

- J'ai mal à la tête en permanence. Je peux à peine ouvrir les yeux et me tenir debout.
- J'ai le nez qui coule, la gorge irritée et j'éternue. Ça m'arrive quand je suis dans un endroit élevé ou que je me sens faible.
- Je suis tombé hier et je ne peux plus marcher.
- D'abord, j'ai senti une forte douleur au pouce et puis j'ai vu mon doigt saigner ; je m'étais coupé.
- J'ai un virus qui me donne une forte fièvre et je tousse beaucoup.

B Avez-vous déjà eu un malaise, une maladie ou vous êtes-vous déjà cassé quelque chose ?

Cet hiver, j'ai eu...

- Tu as déjà eu un malaise, une maladie ou tu t'es déjà cassé quelque chose, toi ?
- Oui, j'ai eu...

lexique

LE VISAGE
un cil
une joue
une lèvre
la mâchoire
une paupière
un sourcil

LES ORGANES INTERNES
le cerveau
le coeur
l'estomac
le foie
un poumon
un rein

LES SOINS
Quand un **médecin** vous délivre une **ordonnance**, vous allez dans une pharmacie pour acheter des **médicaments**. Ceux-ci sont généralement sous forme de **comprimés**, de **sirop**, de **suppositoires**, de **pommade** ou de **piqûres** (que peuvent vous faire **un infirmier** ou une **infirmière**)
En France, beaucoup de médicaments et de **frais hospitaliers** sont **remboursés** partiellement ou intégralement par la **Sécurité sociale**.

lexique

LES FAITS DE LA FRANCOPHONIE

La francophonie désigne l'ensemble des territoires et des peuples qui utilisent le français comme langue de communication, comme langue maternelle, comme langue officielle ou simplement comme langue de culture. Selon les statistiques, il y aurait sur les cinq continents plus de 500 millions de personnes qui s'expriment en français. Retrouvez la francophonie sur son site www.francophonie.org

5 | Reporters du monde

A L'équipe de « Reporters du monde » a préparé une série de reportages sur des pays francophones. Lisez les résumés ci-dessous et dites où ils sont allés.

Le Mali   La Suisse   La Guadeloupe   Le Québec

1 Des collines de l'est aux banquises de l'Arctique, en passant par les lacs du Grand Nord, nos reporters nous présenteront ce pays au vaste territoire et aux grands espaces, qui a su préserver son identité et ses coutumes. Il est étonnant de voir à quel point la langue française est présente et nous découvrirons à travers son peuple ce pays si proche et si lointain. Un art de vivre et un folklore très riches seront au rendez-vous de « Reporters du monde ».

2 Des paysages de rêve, des cocotiers sur des plages aux eaux transparentes, une forêt luxuriante qui entoure des volcans, telles sont les images de carte postale qui nous viennent de cette île. Ici, la savoureuse cuisine locale, le rhum et la musique sont de toutes les fêtes. Découvrez avec nous ce peuple avec sa langue, le créole, et ses traditions religieuses.

3 Nos reporters ont traversé les sols arides des territoires du nord pour découvrir des tribus qui vivent au rythme de leurs migrations. Vous verrez comment ils survivent grâce à l'élevage et à l'artisanat. Vous découvrirez leurs rites, leurs croyances, leur folklore, leur philosophie de la vie, ainsi qu'une faune remarquable. Avec un voyage à dos de chameau dans le désert, le dépaysement est assuré.

4 Situé au cœur du continent européen, ce pays offre une variété étonnante de paysages et de nature intacte. Au-delà du décor enchanteur de ses prairies couvertes de fleurs et de ses sommets enneigés, nos reporters sont allés à la rencontre d'un peuple aux quatre langues et quatre cultures, qui possède une civilisation riche et ancienne, sans oublier une tradition culinaire et vinicole très variée dépassant les célébrissimes fondue et raclette. Un pays vu sous un angle différent, pour aller un peu plus loin avec « Reporters du monde ».

B Classez le vocabulaire marqué en jaune dans les catégories suivantes :

Les mots pour parler des paysages et de la végétation	Les mots pour parler des gens, de leur mode de vie, de la société, des traditions	Les mots pour parler de la gastronomie	Les mots pour donner ses impressions sur ce qu'on voit
collines	peuple tribu		étonnant

C Il existe beaucoup d'autres mots utiles pour décrire ces éléments. Ajoutez à ces listes les mots qui vous permettent de parler de votre pays.

D Écrivez un texte sur votre pays (paysages, coutumes, gastronomie, etc.).

6 | Donner ses impressions

A Il y a plusieurs sortes de touristes : les grincheux qui ne trouvent rien de bien et les joyeux qui sont toujours satisfaits. Parmi la liste d'expressions ci-dessous, lesquelles sont prononcées par le touriste grincheux et par le touriste joyeux ? Pouvez-vous trouver les contraires ?

c'est sale — c'est beau — c'est dégoûtant
ça sent bon — c'est propre — c'est bien organisé
c'est du déjà vu — c'est délicieux — c'est dépaysant
c'est moche — c'est chaotique — c'est impressionnant — ça sent mauvais

B Souvenez-vous d'un voyage que vous avez fait. Racontez-le et donnez vos impressions.

Je me souviens quand je suis allé à... c'était beau...

C Êtes-vous plutôt un touriste grincheux ou un touriste joyeux ? Dites pourquoi.

Explique-moi, Martin, tu es plutôt grincheux ou joyeux quand tu voyages ?

QUELQUES PAYS FRANCOPHONES

- En Europe : la Suisse, la Belgique, le Luxembourg.
- En Afrique : des pays d'Afrique du Nord comme le Maroc, l'Algérie, la Tunisie et de nombreux pays d'Afrique de l'Ouest et d'Afrique centrale comme le Sénégal, la Côte d'Ivoire, le Cameroun, la République démocratique du Congo.
- En Amérique : le Canada, la Guyane et les Antilles françaises.
- En Asie : le Cambodge, le Viêtnam.

7 | L'hypothèse réelle

Théo est un peu pessimiste. Quand il part en voyage, il pense toujours au pire. Pouvez-vous trouver des solutions à ses problèmes ?

Et si je tombe malade ?
Si tu tombes malade, tu iras chez le médecin. Il n'y aura pas de problème !

Et si on a un accident ?
Et si mon vol est annulé ?
Et si je perds mes bagages ?
Et si j'oublie de prendre mes médicaments ?
Et si l'hôtel n'a pas pris ma réservation ?
Et si je ne comprends pas ce que les gens me disent ?
Et si je n'aime pas la nourriture là-bas ?

EXPRIMER L'OPPOSITION
Alors que / tandis que, **par contre** et **en revanche** (plutôt à l'écrit)
*Moi, je voulais partir en Asie, **alors que** Martine était plus attirée par l'Amérique.*
*Je ne connais pas le nord du Sénégal, **par contre**, j'ai visité plusieurs fois le sud.*

8 | Opposer - comparer

Vous partez en vacances à Bamako ou à Montréal ? Comparez les informations sur ces deux villes en utilisant les expressions suivantes :

alors que   par contre   en revanche   au contraire

MONTRÉAL

BILLET D'AVION : 794 €
LANGUE PARLÉE : français et anglais.
CLIMAT EN ÉTÉ : entre 15°C et 26°C
RENSEIGNEMENTS UTILES : passeport valide.
SANTÉ : aucune précaution.
FACILITÉ DE PAIEMENT : toutes les cartes de crédit sont acceptées partout.

BILLET D'AVION : 473, 68 €
LANGUE PARLÉE : français et bambara.
CLIMAT EN ÉTÉ : saison des pluies : température moyenne de 27°C.
RENSEIGNEMENTS UTILES : visa obligatoire.
SANTÉ : vaccin contre la fièvre jaune obligatoire, prévention contre le paludisme.
FACILITÉ DE PAIEMENT : cartes de crédit acceptées seulement dans certains endroits.

BAMAKO

À Bamako il fait chaud, alors qu'à Montréal, il fait plus frais. Mais je vois que...

9 | La concession

Reliez ces phrases par les expressions suivantes :

pourtant — malgré — même si

- Une partie de sa famille habite à Montréal. Nicolas n'est jamais allé au Canada.
- Je n'ai pas beaucoup d'argent. J'ai décidé de faire ce voyage au Viêtnam.
- Quand on était dans le désert, on buvait constamment. On avait toujours soif.
- Fabienne avait peur des animaux. Elle est allée en camping dans la réserve naturelle de Niokolo Koba.
- Kévin a des problèmes de santé. Il a fait un safari photo en Afrique centrale.
- J'adore les voyages dans des pays exotiques. Je ne suis jamais sorti de mon pays.
- Il a un superbe appareil numérique. Les photos de son voyage en Guyane ne sont pas fantastiques.
- Lucie a passé un an en Tunisie. Elle ne connaît pas l'île de Djerba.
- Nous sommes toujours très organisés au moment de préparer notre voyage. Nous avons oublié notre trousse à pharmacie.
- J'avais une carte très détaillée des chemins de l'Atlas. Nous nous sommes perdus plusieurs fois.

10 | Le présent du subjonctif

A Dites ce que vous devez faire ou ne pas faire en fonction des panneaux suivants.

faire — dépasser — laisser — avoir — aller — faire — se garer — être

Il ne faut pas que vous _____ d'autres véhicules.

Il faut que vous _____ certain nombre de km pour trouver une station d'essence.

Il ne faut pas que vous _____ à cet endroit.

Il faut que vous _____ un disque de parking.

Il faut que vous _____ prudent, car des animaux peuvent traverser la route.

Il ne faut pas que vous _____ de bruit, parce qu'il y a un hôpital.

Il faut que vous _____ à une vitesse maximale de 130 km/h.

Il faut que vous _____ les autres véhicules traverser le tunnel.

B Transformez les phrases en remplaçant « vous » par « tu ».

Il ne faut pas que tu...

C Pensez à d'autres panneaux, dessinez-les et écrivez les instructions qu'ils fournissent.

Il faut (que)...

grammaire

EXPRIMER LA CONCESSION

Pour limiter une idée ou un fait, on peut utiliser les expressions suivantes :

- **malgré** + NOM, PHRASE
  Malgré *tous mes préparatifs, je n'ai pas pu voir tout ce que je voulais pendant mon voyage.*
- PHRASE + **malgré** + NOM
  Il est parti tout seul en voyage ***malgré*** *l'opposition de son père.*
- PHRASE, **pourtant**, PHRASE
  Je m'étais préparé et j'avais fait mes recherches. ***Pourtant****, je n'ai pas pu visiter tout ce que j'avais prévu.*
- **Même si**, PHRASE, PHRASE
  Même si *je m'étais bien préparé, je n'ai pas pu voir tout ce que je voulais.*
- PHRASE, **même si**, PHRASE
  Il a décidé de partir trois mois en vacances, ***même si*** *cela lui a posé des problèmes avec son patron.*

11 | Les conseils

A Xavier vous donne des conseils pour visiter sans problème les destinations suivantes. Retrouvez à quelle destination se réfère chaque conseil.

LA FORÊT TROPICALE DU CONGO

LE DÉSERT MAROCAIN D'ERFOUD

LE NORD DU QUÉBEC

Se faire vacciner contre la fièvre jaune.
Se munir d'un bonnet chaud.
Bien se couvrir la tête.
Prendre des lunettes teintées pour éviter l'éblouissement à cause de la neige.
Avoir une crème solaire efficace.
Boire souvent.
Ne pas y aller pendant la saison des pluies.
Partir bien équipé contre les basses températures.
Emporter une moustiquaire.

B Transformez ces conseils en utilisant les expressions suivantes :

Je vous recommande de... Je suggère que...
Il faut que... Je vous conseille de...

Pour aller dans le désert, je suggère que vous buviez souvent, ...

L'ÉGALITÉ
- Aussi + ADJECTIF/ ADVERBE (+ que)
  *Mon frère est **aussi grincheux que** mon père.*
  *Ce voyageur allemand parle **aussi bien** l'anglais **qu'**un Anglais natif.*
- Autant de + NOM (+ que)
  *Il passe **autant de** temps en France **qu'**au Liban.*
- VERBE + autant (+ que)
  *Mon collègue voyage **autant que** moi.*

12 | L'égalité

A Complétez ces phrases comparant des pays, régions ou zones francophones avec **aussi** ou **autant de/du/de la/des**.

- La Guyane est ______ loin de Paris que la Guadeloupe.
- La Tunisie a ______ habitants que le Tchad : 10 millions.
- Le Congo (R.D.C.) est presque ______ grand que l'Algérie, car il fait 2,3 millions de km^2 et l'Algérie, 2,4 millions de km^2.
- À cause du climat, les habitants de la terre d'Adélie ont ______ de problèmes à trouver de l'eau que ceux du Sahara.
- Le vol Paris-Phnom Penh prend presque ______ temps que Paris-Ho Chi Min Ville, car le Cambodge et le Viêtnam sont des pays voisins.
- La ville de Québec est ______ connue que celle de Montréal dans le monde.
- Le fleuve Niger, qui traverse entre autres la Guinée, le Mali et le Niger, parcourt presque ______ de kilomètres que l'Amazone.

B Comparez des pays dont certaines caractéristiques sont semblables.

Il y a autant de...

Tu sais qu'il y a autant de... ?

L'hypothèse réelle

Pour émettre des hypothèses sur le présent ou l'avenir, on peut utiliser la structure suivante :

- **Si** + PRÉSENT, PRÉSENT
  ***Si** tu **pars** en Côte d'Ivoire, tu **dois** absolument visiter le lac de Klossou.*
- **Si** + PRÉSENT, FUTUR
  ***Si** tu **pars** en vacances pour le Québec, tu **pourras** parler français.*
- **Si** + PRÉSENT, IMPÉRATIF
  ***Si** tu **pars** au Maroc, **achète** de l'artisanat !*

Le présent du subjonctif

Il se construit, généralement, à partir de :

- la base de la 3ème personne du pluriel du présent de l'indicatif pour les personnes du singulier et la 3ème personne du pluriel :
  *ils **parl**ent, ils **part**ent, ils **prenn**ent, ils **boiv**ent...*
- la base de la 1ère personne du pluriel du présent de l'indicatif pour les 2 premières personnes du pluriel :
  *nous **parl**ons, nous **part**ons, nous **pren**ons, nous **buv**ons...*

Les terminaisons sont : **-e**, **-es**, **-e**, **-ions**, **-iez**, **-ent.**

		PARLER
	PRÉSENT INDICATIF	PRÉSENT SUBJONCTIF
je	parle	**parl**e
tu	parles	**parl**es
il/elle/on	parle	**parl**e
nous	parlons	**parl**ions
vous	parlez	**parl**iez
ils/elles	**parl**ent	**parl**ent

		PARTIR
	PRÉSENT INDICATIF	PRÉSENT SUBJONCTIF
je	pars	**part**e
tu	pars	**part**es
il/elle/on	part	**part**e
nous	partons	**part**ions
vous	partez	**part**iez
ils/elles	**part**ent	**part**ent

		PRENDRE
	PRÉSENT INDICATIF	PRÉSENT SUBJONCTIF
je	prends	**prenn**e
tu	prends	**prenn**es
il/elle/on	prend	**prenn**e
nous	prenons	**pren**ions
vous	prenez	**pren**iez
ils/elles	**prenn**ent	**prenn**ent

- Verbes dont les bases sont construites de façon irrégulière au subjonctif.

ALLER	j'aille	nous allions
FAIRE	je fasse	nous fassions
POUVOIR	je puisse	nous puissions
SAVOIR	je sache	nous sachions
VOULOIR	je veuille	nous voulions
PLEUVOIR	il pleuve	
FALLOIR	il faille	

- Verbes dont les bases et les terminaisons sont construites de façon irrégulière au subjonctif.

	AVOIR	ÊTRE
je/ j'	aie	sois
tu	aies	sois
il/elle/on	ait	soit
nous	ayons	soyons
vous	ayez	soyez
ils	aient	soient

Le conseil

Pour donner un conseil, on peut utiliser :

- le verbe **conseiller**
  *Je te **conseille** de faire attention.*
- les verbes **suggérer** et **recommander**, qui se forment avec deux structures différentes.
  Une structure infinitive :
  *Je te **suggère** de te **faire** vacciner.*
  Une proposition au subjonctif :
  *Je **suggère** que tu te **fasses** vacciner.*
- le verbe **falloir**
  *Il **faut** respecter les autres quand on va à l'étranger.*
  *Il **faut** que tu respectes les autres quand tu vas à l'étranger.*

Texte oral 1 – Junior

A Écoutez cette annonce et répondez aux questions :
- Quel type de voyages cette publicité vous propose-t-elle ?
- Quelles particularités offrent ces voyages ?
- Où doit-on s'adresser pour se mettre en contact avec cet organisme ?

B Écoutez cette partie de l'annonce accompagnée de la transcription du texte. Faites un trait chaque fois que vous entendez une pause dans la phrase.

> Vous rêvez de tropiques / de dépaysements / d'autres cultures / et d'autres langues ?
> Vous souhaitez partir vers des terres lointaines découvrir des sentiers et des populations encore inconnues Mais vous voulez aussi aider les autres et profiter de vos vacances pour contribuer au bien-être de ceux qui en ont besoin Alors choisissez de voyager avec les associations de tourisme de l'UNAT

> En français, on appuie sur la dernière syllabe prononcée d'un groupe de mots. Pour faire des phrases sans intonation spéciale, on accentue cet endroit.
> Attention, appuyer ne veut pas dire monter la voix, mais simplement prononcer plus clairement.

C Répétez le texte en respectant l'intonation.

Texte oral 2 – Senior

A Écoutez une première fois tout le texte et dites quels sont les types de problèmes qui peuvent être rencontrés en voyage.

B Réécoutez la première intervention du journaliste et essayez de reproduire l'histoire qu'il raconte.

C Réécoutez la deuxième intervention et précisez autour de quels thèmes se produisent les problèmes quotidiens en voyage.

D Dans la deuxième intervention, vous entendez le mot « fouille ». Vous le comprenez ?
L'action qu'il implique se rapporte à quoi ?
Elle semble positive ou négative ?
Quels sont les éléments qui vous permettent de le comprendre ?

E À votre tour, essayez de raconter un évènement imprévu qui vous est arrivé pendant un voyage.

Texte écrit 1 – Junior

A Lisez les textes, puis remplissez la fiche du pays.

QUÉBEC

Le climat et le relief du Québec varient énormément au long de ses 1,5 million de kilomètres carrés. Dans les villes de Montréal et Québec, les températures oscillent entre –15°C et –6°C en janvier, et, au mois de juillet, entre 15°C et 25°C. Autour de Montréal se trouve un paysage de plaines ; à l'est de la province, des collines et, dans la région du Grand Nord, des lacs. La faune y est typique des régions nordiques et très variée.

La langue : en arrivant au Québec, un Français peut au début avoir quelques difficultés à identifier des mots comme « banc » ou « gant » prononcés comme un Parisien prononcerait *bain* ou *gain*. Il faut ajouter à cela un lexique différent du français de France, qui peut parfois créer de petits quiproquos ou malentendus. Mais, surtout, vous sentirez le plaisir que les Québécois ont à communiquer avec vous en français.

Langues d'usage au dernier recensement de 1996 au Québec :

Français	5 910 922	82,8 %
Anglais	770 990	10,8 %
Autres	456 883	6,4 %

Le commerce : au Québec, les magasins sont ouverts sans interruption tous les jours. Il existe aussi tout un réseau de galeries commerciales souterraines où on peut faire ses courses, manger et se balader toute la journée. Attention, le courant électrique est de 110 volts et les prises de courant ne peuvent pas recevoir les fiches européennes. Il faudra donc vous munir d'un adaptateur.

Au Québec, plus du cinquième de la population déménage le 1er juillet. Ce jour porte le nom de **fête nationale du déménagement,** qui est aussi le jour de la fête nationale de cette province du Canada. Ce jour-là, Montréal est la ville la plus embouteillée du monde.

Les premiers habitants du Québec, majoritairement paysans, préparaient des repas consistants pour mieux affronter les rigueurs du quotidien. Cette **cuisine traditionnelle** s'est conservée et se consomme notamment dans les cabanes à sucre, maisons de production de sirop d'érable, qui font aussi restaurant avec une touche rustique.

Nom : Québec
Villes principales : ____
Population : ____
Langues parlées : ____
____
____
Renseignements pratiques :
____
____
Climat : ____
Faune et flore : ____
Gastronomie : ____
Culture / traditions : ____
____

B Faites une liste du vocabulaire nouveau que vous avez découvert dans ce texte.

C Partez à la découverte de ce pays et complétez ces informations en consultant le site www.bonjourquebec.com ou une encyclopédie papier.

Texte écrit 2 - Senior

A Lisez le texte et dites quelles sont les différences ou les similitudes entre le guide papier et le site Internet du Routard.

Le routard :

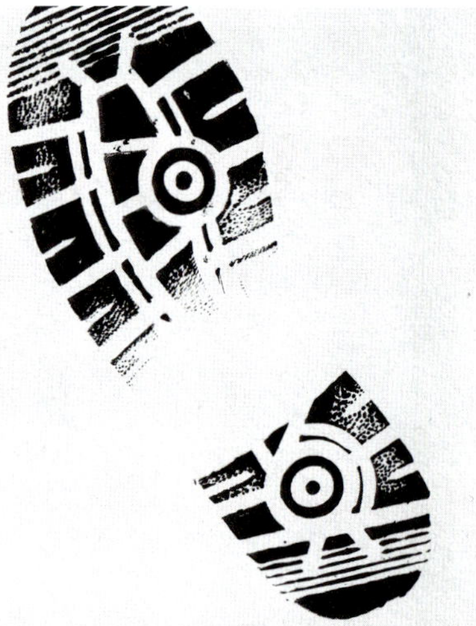

un guide pas comme les autres, un site encore moins comme les autres

Le guide « hippie » incontournable et devenu phénomène de l'édition n'a pas fini de surprendre. Le succès obtenu depuis les années 60 grâce aux conseils de voyages et aux bonnes adresses pour voyager moins cher (les « bons plans ») semble reparti avec une nouvelle formule : le site Internet www.routard.com.

Sans concurrencer le guide papier, qui reste beaucoup plus fourni en informations pratiques, le site www.routard.com propose un véritable portail d'informations autour du voyage. C'est le complément parfait du guide, riche en reportages et en dossiers thématiques.

Les plus ? D'un côté, les chiffres : avec 120 destinations mises en ligne, dont 30 régions françaises, et une galerie de 100 000 photos, les infos sont considérables. D'un autre côté, l'aspect pratique : les informations sont aussi riches que dans la version papier (avec notamment le service classique des itinéraires ou la traditionnelle sélection des meilleurs rapports qualité/prix). Pourtant, nous vous suggérons de regarder de plus près « la billetterie », « l'espace communautaire » (forum et chat) et « la boutique ». En plus, si vous voulez connaître l'heure dans n'importe quel coin du monde, disposer d'un système de conversion des devises ou connaître le climat à 2 et 4 jours avec Météo France, vous trouverez tout ça dans le site.

Par ailleurs, le Routard a voulu renouveler sa ligne éditoriale. Désormais, on peut trouver des informations précises régulièrement remises à jour, ainsi qu'un web-zine* hebdomadaire qui fournit de nombreuses informations politiques et économiques ou des entretiens avec divers invités.

Ainsi, le site colle un peu plus à l'actualité; ce que la version papier ne permet pas. On notera que le style est parfois encore plus riche que dans la version papier, puisque notamment, pendant les dernières élections présidentielles, de nombreux politiciens ont été interrogés pour raconter leurs expériences de voyage. Pas mal, non ?

Nous vous recommandons enfin la sélection de bons liens qui vous permettront d'aller plus loin dans vos recherches d'infos.

Mais il ne fallait pas que ce site fasse double emploi avec la version papier. C'est pourquoi il est moins fourni en infos de type pratique ; les centaines de pages de chaque guide organisé pays par pays, voire région par région, sont irremplaçables.

Grâce à ce site, les globe-trotters peuvent donc accéder à des infos de dernière minute sur n'importe quel coin du monde. Et même si ce site ne présente pas autant d'avantages que le guide, il offre un service simple, facile et gratuit. Alors, si vous voulez partir en voyage, mettez le guide sous votre bras et, dans un carnet, cette bonne adresse.

* magazine sur Internet

B Trouvez dans le texte les parties suivantes et essayez de résumer les informations qu'elles contiennent en une ou deux phrases.

le titre — le chapeau — l'introduction — le développement — la conclusion

C Recherchez les expressions et les temps verbaux qui expriment des conseils.

D Relevez les deux expressions de l'hypothèse avec **si** et dites quels temps sont utilisés.

LES CLÉS DE L'ANNONCE ET DU MESSAGE SUR RÉPONDEUR

Dans cette épreuve, vous allez entendre plusieurs annonces. Ce sont des informations générales entendues dans des lieux publics : dans une gare, dans un aéroport, au supermarché... ou un message enregistré sur un répondeur téléphonique. Ce message n'est pas amical, mais provient d'une structure ou d'un établissement qui met un service à la disposition de ses clients.

■ Exemple

Vous avez 30 secondes pour lire les questions relatives aux deux enregistrements. Vous entendrez ensuite deux fois les deux documents à la suite, avec une pause de 30 secondes entre les deux écoutes. Cette pause vous permettra de répondre aux questions. Vous aurez ensuite 1 minute pour compléter vos réponses.

Document 1 :
Votre supermarché Cuisines du monde vous annonce qu'une promotion a lieu en ce moment au rayon frais, au fond du magasin sur la droite. Pour fêter l'arrivée du printemps, Cuisines du monde vous invite à manger des fruits ! Une hôtesse vous attend pour vous faire déguster tous les fruits de saison et des fruits exotiques. Goûtez aux mangues venues d'Équateur, aux bananes du Sénégal et aux ananas de la Martinique. Notre hôtesse vous remettra gratuitement un livret de recettes pour accommoder tous ces fruits en délicieux desserts. En plus, vous pourrez participer à notre grand concours, organisé avec notre partenaire « L' Agence : voyage des îles ». N'attendez plus !

Document 2 :
Bonjour et bienvenue sur le répondeur automatique de l'agence « Voyager c'est facile ». Grâce au numéro vert mis à votre disposition, cette communication est entièrement gratuite. Si vous souhaitez connaître les dernières offres exceptionnelles, tapez 1 ; pour réserver un voyage, tapez 2 ; pour modifier ou annuler une réservation, tapez 3 ; pour des informations complètes sur nos services, veuillez patienter. Un opérateur va prendre votre appel.

Document 1

1. Quand vous entendez cette annonce, vous êtes...
☐ dans une agence de voyages.
☐ au restaurant.
☒ dans un magasin.

Ne vous laissez pas piéger par les noms de pays, ni par le nom du magasin, vous êtes bien au supermarché ! En plus, vous avez entendu les mots « supermarché » et « magasin ».

2. On vous propose de...

	Vrai	Faux	On ne sait pas
goûter des fruits.	☒	☐	☐
participer à un jeu.	☒	☐	☐
répondre à des questions.	☐	☐	☒

Vous allez goûter des fruits exotiques. On vous dit « déguster », « mangez », « goûter ». Vous pourrez participer à un concours ou un jeu, mais on ne vous dit pas comment participer.

3. L'hôtesse vous fera un cadeau. Lequel ?
☐ Un kilo de fruits.
☒ Un livre de recettes.
☐ Un voyage à la Martinique.

Vous allez participer à un concours organisé par une agence de voyages, mais on ne vous précise pas le cadeau à gagner. La seule réponse possible est donc la 2, le livre de recettes.

Document 2

1. Dans ce message, on vous propose de réserver vos voyages par téléphone.

Vrai	Faux	On ne sait pas
☒	☐	☐

Cette question permet de vérifier votre compréhension globale du document. Vous devez comprendre qu'il s'agit du répondeur d'une agence de voyages et qu'on vous propose de faire des réservations.

2. Si vous voulez changer votre réservation, vous tapez... 3

L'exercice de compréhension ici est plus complexe. Vous devez comprendre que le chiffre à composer est cité après la proposition.

3. Vous voulez avoir une personne en ligne. Vous devez...
- ☐ taper 1.
- ☐ téléphoner au numéro vert.
- ☒ attendre.

La compréhension porte sur la dernière partie du document. Vous devez comprendre « opérateur » et « patientez ».

Le jour de l'examen, vous aurez trois enregistrements à comprendre. Vous entendrez deux documents différents **à la suite l'un de l'autre** et un troisième document après avoir répondu aux questions des deux premiers.

Vous devez donc mémoriser beaucoup d'informations sur les deux documents.

Ne vous précipitez pas pour répondre et attendez la deuxième écoute si vous n'êtes pas certain/e de vos réponses.

■ Exercice 1

1. Vous entendez cette annonce...

- ☐ dans le train.
- ☐ dans le bus.
- ☐ dans le métro.

2. Qu'est-ce qui est annoncé ?

- ☐ Une nouvelle ligne de bus.
- ☐ Une grève des conducteurs.
- ☐ Un problème technique.

3. Ces affirmations sont vraies ou fausses ?

	Vrai	Faux
Le trafic sera réduit entre 10 heures et 17 heures.		
Il y aura moins de trains à partir de 10 heures.		
Seul un train sur 30 sera maintenu.		
À partir de 17 heures, le trafic sera normal.		

LES CLÉS DU DOCUMENT PUBLICITAIRE (LIRE POUR S'ORIENTER)

Dans cette épreuve, **lire pour s'orienter**, vous devez d'abord prendre connaissance de la consigne qui définit la tâche à effectuer. Ensuite, vous devez lire attentivement quelques documents publicitaires sur le thème des voyages et remplir le tableau en mentionnant les indices trouvés dans les textes.

■ **Exemple**

Vous êtes en vacances en Bretagne avec votre famille (votre conjoint et votre fille de 12 ans) pendant la première semaine d'août. Vous allez à l'office du tourime pour avoir des idées de visites. Pour faire plaisir à tout le monde, rappelez-vous que votre conjoint aime la musique et que votre fille, comme vous, rêve de grands espaces et de mer.

Thalassa

NAVIRE DÉCOUVERTE DE L'OCÉANOGRAPHIE

Partez à bord du Thalassa et découvrez l'univers maritime.

- En parcourant ses 3 ponts, vous revivrez les différentes missions de ce navire exceptionnel.
- En exclusivité pendant la période estivale, une exposition photographique des fonds marins.
- Parcours adapté aux enfants.

Ouverture de mai à octobre tous les jours à 9 h (sauf le dimanche hors vacances scolaires).

Tarifs
adultes : 6,30 €
enfants : 4,20 €
famille (avec 2 enfants de moins de 15 ans) : 20,50 €

34ème FESTIVAL INTERCELTIQUE DE LORIENT

Du mercredi 24 juillet au samedi 3 août 2005

Année de l'Acadie et du Canada atlantique.

Rendez-vous mondial des expressions musicales contemporaines des pays celtiques : Écosse, Irlande, Île de Man, Pays de Galles, Galice, Asturies, Bretagne...

10 jours et 10 nuits de fête sans interruption.
Plus de 46 000 artistes !
Plus de 600 000 visiteurs !

Renseignements pratiques :
Festival interceltique de Lorient,
2, rue Paul Bert
56100 Lorient
Entrée gratuite pour les mineurs.
Passeport 10 jours : 65 euros
Entrée simple : 25 euros
Tél. : (+33) 02 97 21 24 29
www.festivalinterceltique.com

Un splendide jardin valonné de 2,3 hectares, traversé par une rivière, qui comprend 2 plans d'eau aménagés avec des plantes tropicales. Une canalisation ancienne destinée à alimenter l'arsenal de Lorient est encore visible. À visiter de préférence au printemps, quand les tulipes et les pensées sont en fleurs. Une aire de jeux pour les enfants et un parc animalier avec des cerfs et des daims complètent l'aménagement de ce jardin.

Indiquez ci-dessous les sorties que vous proposez et pourquoi.

	Programme du week-end		Prix pour la famille
Samedi	Sortie proposée	Festival interceltique	50 euros
	Heure de début	24 h / 24	
	Qui aimera le +	Mon conjoint	
	Justification	Expressions musicales contemporaines	
Dimanche	Sortie proposée	Thalassa	16,80 euros
	Heure de début	9 h	
	Qui aimera le +	Ma fille et moi	
	Justification	Recherche océanographique Fonds marins	
Exclu(s)	Sortie	Jardin Chevassu	Gratuit
	Justification	À visiter au printemps Ouvert sauf en période estivale	

Dans cet exercice, vous devez remplir un tableau avec les informations trouvées dans les différents textes. Il faut avant tout bien comprendre la logique du tableau. Par exemple, dans la case « qui aimera le + », vous devez écrire « mon conjoint », « moi » ou « ma fille ».

Vos capacités de concentration et de logique seront aussi notées. La colonne « tarifs » précise que le montant doit être global, et vous devez donc faire des additions. La consigne vous précise que la famille comporte 3 personnes : 2 adultes et un enfant.

LES CLÉS DU JOURNAL DE VOYAGE

Dans cet exercice, vous devez écrire le compte rendu d'une expérience de voyage imaginaire dans un journal. Vous devez lire attentivement les informations apportées pour décrire ce que vous avez fait en donnant des détails et des impressions personnelles. La longueur est de 180 mots environ.

■ **Exemple**

Vous avez vu cette publicité sur un magazine et vous êtes parti/e en week-end en Avignon, dans le Sud-Est de la France. Vous racontez votre séjour dans un carnet de voyage.

Avignon, la cité des Papes

Le Palais des Papes, le pont de Saint-Bénézet, les églises, les remparts confèrent à cette ville une atmosphère unique.
Ville des Papes sous le Moyen-Âge et berceau du célèbre festival de théâtre contemporain, élue capitale européenne de la culture en 2000, Avignon a aussi un goût d'avant-garde.
Dégustez un célèbre vin des Côtes du Rhône sur les terrasses ombragées de la place de l'Horloge !

Formule week-end : 370 euros (voyage en avion, une nuit en chambre double).

❶ Avignon est une ville magnifique et j'ai passé deux jours extraordinaires.
❷ Je me suis réveillée très tôt le samedi pour prendre l'avion. ❸ Dès mon arrivée, je suis allée visiter le Palais des Papes. C'est étonnant de penser que le Pape n'était pas à Rome mais à Avignon pendant le Moyen-Âge ! C'est un grand palais superbe. En sortant, j'ai visité quelques églises très intéressantes où j'ai vu des vitraux exceptionnels. Après, j'ai suivi les remparts qui donnent une atmosphère particulière à la ville. Puis, je suis arrivée près du Rhône et j'ai vu le Pont, le célèbre pont de la chanson « Sur le pont d'Avignon, on y danse, on y danse... ». Le soir, j'ai bu un verre d'un très bon vin, un Côtes du Rhône, à la terrasse d'un café, place de l'Horloge. C'est toujours amusant d'observer les gens et les Avignonais sont très sympathiques. Le lendemain, je n'ai pas eu le temps de faire beaucoup de choses. Je devais être à l'aéroport à 14h ! ❹ Il y a vraiment beaucoup de choses à voir et j'aimerais y retourner, mais pendant le festival de théâtre, c'est une chose que j'aimerais faire depuis longtemps !

❶ l'introduction ❷ le voyage ❸ la description des visites et vos impressions ❹ la conclusion

Pour exprimer vos émotions, utilisez les adjectifs (nous les avons écrits en rouge). Faites une liste de ces adjectifs et complétez-la par d'autres adjectifs que vous connaissez.

Servez-vous de cette liste pour réaliser les exercices suivants.

Pour structurer votre discours, utilisez des indicateurs de temps et des articulateurs logiques (nous les avons notés en vert). Établissez une liste et complétez-la avec des mots qui peuvent vous être utiles pour situer un événement pendant un week-end.

Servez-vous des éléments du texte, mais utilisez aussi vos connaissances personnelles. Vous ne connaissez pas obligatoirement la ville que vous devez décrire, mais vous avez tous visité une ville. Rappelez-vous ! Et vous pouvez inventer les informations. Vous ne serez pas sanctionné/e si l'information que vous donnez est fausse. C'est un exercice !

■ Exercice 1

Vous avez vu cette publicité sur un magazine et vous êtes parti/e en week-end à Marseille. Racontez votre séjour en 180 mots dans un carnet de voyage.

Marseille :

la ville phocéenne aux portes de la Provence !

Cette ville n'en finira pas de vous surprendre.
Vous pourrez visiter la cathédrale Notre-Dame de la Garde, le palais du Pharo, vous perdre dans les ruelles de la vieille ville et descendre la Canebière pour siroter un pastis sur le vieux port en regardant le coucher du soleil !

Cette offre exceptionnelle comprend le vol au départ de toutes les capitales européennes et une nuit en chambre double à l'hôtel Mercure, petit-déjeuner compris.

Partez en week-end à Marseille pour moins de 175 euros.

ENTRAÎNEMENT AU DELF B1 Partie 4 - PRODUCTION ORALE

LES CLÉS DE L'EXERCICE EN INTERACTION (2)

Dans cette épreuve, vous devez jouer une situation avec l'examinateur. On vous propose une situation de deux types : a) faire face à une situation inhabituelle, b) comparer et opposer des alternatives. Vous devez faire comprendre vos opinions et vos réactions pour trouver une solution à un problème ou à des questions pratiques.

Vous ne disposez pas d'un temps de préparation pour cet exercice. L'épreuve doit durer environ 3 minutes. Le seul moyen de vous préparer à cet exercice est de jouer avec un/e camarade de classe ces différentes situations.

Écoutez l'enregistrement correspondant à la transcription ci-dessous. Il s'agit de la reproduction d'une épreuve d'exercice en interaction entre une candidate et un examinateur.

■ Exemple

Sujet 1

On vous a offert un DVD pour votre anniversaire. Malheureusement il est illisible. Vous allez dans la boutique où on vous l'a acheté pour qu'on vous le change. Le vendeur vous demande le ticket.
L'examinateur joue le rôle du vendeur.

Transcription :

- *Bonjour. Que puis-je pour vous?*
- ○ *Bonjour Monsieur. Vous voyez,* ❶ *on m'a offert ces DVD pour mon anniversaire, et malheureusement il est illisible.*
- *Comment ça, illisible ?*
- ○ *Bon, j'ai essayé de l'écouter dans plusieurs appareils, pas seulement celui-là que j'ai à la maison,* ❷ *et ça marche pas. Parce que d'abord je pens… je me suis dis, tiens, c'est peut-être mon appareil à la maison qui marche pas, mais chez d'autres amis, ça marchait pas non plus.*
- *Et vous ne l'avez pas fait tomber ou vous ne l'avez pas laissé dehors ?*
- ○ *Non, pas du tout. C'est mon film préféré, vous voyez. J'sais pas, moi je suis très triste.*
- *Bien… Écoutez, si vous voulez, on va pouvoir vous le changer.*
- ○ *Bon, ça serait génial !*
- *Bien sûr. Ben, donnez-moi le ticket !*
- ○ *Ah ! Désolée ! Vous voyez, c'est… c'était un cadeau, alors mes amis ils m'ont offert le DVD, mais ils m'ont pas donné le ticket. Il y a… Vous pouvez pas me le changer également ?*
- *Écoutez, Mademoiselle, je suis désolé, mais ce sont les normes de la maison. Si vous n'avez pas le ticket, nous ne pouvons pas vous le changer.*
- ○ *Mais vous voyez, moi j'ai, bon, j'ai le papier de chez vous. Il y a même le code de barres. Peut-être que vous pourriez identifier le produit, que c'est vous qui l'avez vendu.* ❷ *Vous pouvez pas faire ça ?*
- *Oui, bien sûr, je… je vous comprends Mademoiselle. Mais vous savez, sans le ticket, on ne peut pas changer le DVD. C'est pour vous et pour tout le monde comme ça.*
- ○ *D'accord, je comprends. Mais vous savez, moi j'habite à 50 kilomètres de chez vous. Hmm… Eh bien non,* ❸ *je peux rentrer chez moi, revenir après, mais en tout ça fait déjà 100 kilomètres ! En plus, mes amis là, il y en a un qui est parti en Amérique et c'est, bon je sais pas* ❸ *si c'est lui qui a le ticket. De toute façon, je vais essayer, Monsieur.*
- *D'accord. Parce que sinon, je suis désolé, mais on ne pourra rien faire pour vous.*
- ○ *D'accord. En tout cas, dites-moi, j'ai combien de jours pour changer le DVD ?*
- *Écoutez, vous avez 15 jours après la date d'achat.*
- ○ *D'accord. Bon, on fera comme ça.*
- *Très bien. Merci. Au revoir, Mademoiselle.*
- ○ *Au revoir Monsieur.*

Dans ce cas, le sujet propose une situation formelle (un client et un vendeur). Observez comment la candidate adapte le registre de langue (ex. : vouvoiement). ❶

Vous pouvez constater que la candidate répond au sujet avec une certaine aisance, mais que certaines phrases sont parfois mal construites. ❷

Observez aussi les hésitations tant de l'examinateur que de la candidate. ❸ Elles sont normales dans une conversation.

Il est fondamental de bien comprendre le sujet. Si vous avez un doute, demandez des précisions à l'examinateur. Mais n'attendez pas que l'exercice commence !

On vous demande de jouer une scène, d'improviser, comme un acteur... Prenez-vous au jeu ! Soyez original/e ! Ne vous contentez pas de raconter des faits, des événements, mettez-y du coeur ! Ponctuez votre dialogue par des exemples, des émotions, des sentiments.

Prenez le temps de réfléchir à ce que vous voulez dire. Dans une conversation, il y a toujours des moments d'hésitations, même en langue maternelle. Ce n'est pas grave si vous hésitez, l'examinateur a le temps.

Attention au registre de langue ! Dans la plupart des situations proposées le jour de l'examen, vous serez dans une situation formelle. Votre interlocuteur ne sera pas toujours un ami ou un membre de votre famille, mais il jouera le rôle d'un réceptionniste, d'un employé de bureau, d'un vendeur, d'un inconnu... Vous devrez alors utiliser un langage plus formel.

Pour vous préparer à cette épreuve, vous ne devez surtout pas essayer d'apprendre par cœur un modèle de dialogue. Premièrement, parce que vous ne connaissez pas le sujet sur lequel on va vous demander de dialoguer. Deuxièmement, parce que l'enseignant a un rôle aussi important que le vôtre dans cette scène. Il s'agit d'improviser face à l'examinateur. Préparez-vous en réactivant vos connaissances et vos souvenirs. Vous avez certainement vécu des situations inattendues pendant vos voyages. Racontez (ou inventez) une expérience vécue dans les lieux suivants : dans une agence de voyage, à la gare, à l'aéroport, à l'hôtel, etc.

Un des secrets de la réussite aux examens est de se mettre à la place du professeur. Pourquoi vous propose-t-on ce sujet ? Qu'attend-on de vous ? Essayez de répondre à ces questions en inventant vous-même des sujets ! La consigne est de mettre en scène deux personnes qui ne sont pas d'accord sur un sujet.

Vous pouvez consulter les grilles d'évaluation des pages 107-108. Avec un camarade, essayez d'évaluer cette production orale, puis proposez une note.

■ Exercice 1

Au choix par tirage au sort :

Sujet A
Vous êtes au restaurant. Vous venez de trouver un insecte dans votre salade. Vous appelez le serveur pour vous plaindre. L'examinateur joue le rôle du serveur.

Sujet B
Vous avez décidé de partir en vacances cet été avec un/e ami/e. Vous avez trouvé une offre sur Internet pour l'Égypte, dans un hôtel 4 étoiles. Il/elle veut rester en France sous prétexte qu'il/elle ne parle pas anglais. Vous essayez de le/la convaincre. L'examinateur joue le rôle de l'ami/e.

Les clés pour parler de...

sentiments 4

DANS CETTE UNITÉ, NOUS ALLONS PARLER DE SENTIMENTS, DE VALEURS, D'IDÉES, DE LA FAMILLE...

Les clés pour
- exprimer des sentiments
- parler de la consommation
- exposer des idées et des opinions
- commenter un point de vue

Les clés pour bien utiliser
- le subjonctif dans les expressions de sentiment et d'opinion
- le discours rapporté
- les pronoms y et en

Entraînement au DELF B1. Les clés
- du micro-trottoir (CO)
- de l'article (CE)
- du concours (PE)
- de l'expression d'un point de vue (PO)

1 | Valeurs

A Voici quelques valeurs. Écrivez un petit texte dans lequel vous expliquerez quelles sont pour vous les valeurs les plus importantes et pourquoi. Y en a-t-il d'autres qui ne figurent pas ci-dessous ?

la démocratie l'amitié l'argent l'éducation le travail la solidarité
la religion l'amour la culture la famille

Pour moi, la valeur la plus importante c'est...

• *Dans quel ordre tu as classé les valeurs, Claudia ?*

B Un groupe de jeunes Français a répondu à un sondage sur les valeurs importantes pour eux. Voici les résultats. Sont-ils équivalents à votre classification ? Qu'est-ce qui est différent ? Quelles conclusions en tirez-vous ?

LES VALEURS POUR LES JEUNES FRANÇAIS

LA FAMILLE	85 %
L'AMITIÉ	81 %
L'ÉDUCATION	78 %
LE TRAVAIL	70 %
LA SOLIDARITÉ	67 %
L'AMOUR	59 %
LA DÉMOCRATIE	52 %
LA CULTURE	45 %
L'ARGENT	28 %
LA RELIGION	12 %

2 | Situation de famille

A Quelle est la situation de famille des personnes suivantes ?

famille recomposée famille monoparentale couple pacsé union libre
couple divorcé famille nucléaire

Chez nous, nous sommes trois enfants. Moi, je suis l'aînée, ensuite il y a ma sœur qui a 10 ans et mon petit frère, qui vient d'avoir 7 ans. On se dispute souvent et je peux te dire qu'il y a de l'ambiance à la maison, mais je crois que mes parents aiment ça, même s'ils se plaignent souvent.

Moi, j'ai décidé d'avoir un enfant parce que j'avais trente ans et que je sentais que le moment était venu, mais comme je n'avais pas de compagnon, eh bien, mon fils, je l'ai eu toute seule.

Ma sœur est en fait la fille du deuxième mari de ma mère. Nous nous sommes retrouvés 5 à la maison alors qu'avant nous n'étions que deux. Ça a posé quelques petits problèmes, mais finalement tout le monde s'est adapté.

On n'avait pas envie de se marier, mais d'un autre côté, on voulait avoir un papier officiel au cas où il arriverait quelque chose à l'un d'entre nous. On ne sait jamais.

Pourquoi nous ne nous sommes pas mariés ? Je crois que, tout simplement, ni l'un ni l'autre ne croyons en l'institution du mariage, c'est tout. Et puis c'est plus simple comme ça, ça ne nous empêche pas de vivre ensemble.

Quand mes parents se sont séparés, nous avons déménagé et c'était très dur de s'adapter à ce nouveau rythme de vie où on passait un week-end sur deux dans une maison différente.

LE PACS
Le PACS (Pacte Civil de Solidarité) est un contrat entre deux personnes majeures, de sexe différent ou de même sexe, pour organiser leur vie en commun. Il impose une aide matérielle mutuelle et une solidarité face aux dettes contractées. La loi qui autorise le PACS a été votée en 1999 et concerne aujourd'hui 105 000 couples en France.

B Complétez les témoignages avec cinq des mots de la liste :

tante ex-mari beau-fils belle-mère demi-frère copain
neveux cousine beau-frère compagne

Depuis le divorce, nous avons de très bonnes relations, mon .... et moi ; c'est beaucoup plus facile pour nos enfants.
Je m'entends super bien avec la nouvelle femme de mon père, je la considère comme ma mère, même si, en fait, c'est ma ....
Je te présente Bernadette et son .... Ils vont se marier bientôt.
Ma mère a un frère qui habite au Canada. Du coup, sa fille, ma ...., est bilingue. Je pourrais parler anglais avec elle, mais on ne les voit pas souvent.
Je suis fou de joie. Ma sœur vient d'avoir des jumeaux. Tu te rends compte, maintenant j'ai deux .... !

3 | La vie associative

A Dites quelles sont les motivations possibles des membres des associations ci-dessous.

1. Participer à la vie de sa ville
2. Pratiquer une activité sportive
3. Aider les plus nécessiteux
4. Partager ses idées et changer le système politique
5. S'occuper pendant ses loisirs, comme passe-temps
6. Rencontrer des gens
7. Découvrir d'autres cultures

L'AMICALE DU CLUB DE HAND-BALL DE PONTAILLER
Grand Barbecue de l'assoc', dimanche à 12h.

LES AMIS DU QUARTIER DE LA MARE AUX CHÊNES
Venez à notre prochaine assemblée générale où nous débattrons du projet de salle de sport dans la rue de la Vanoise.

ÂMES SŒURS
Pour ceux qui ne l'ont pas encore trouvée, cherchez-la grâce à notre association, installée à Clermont depuis l'an 2000.

LES RESTOS DU CŒUR
12€ pour fournir un repas chaud par jour pendant 15 jours à ceux qui en ont besoin.

Adhérez à ATTAC (Association pour la Taxation des Transactions pour l'Aide aux Citoyens). Notre association est une organisation non-gouvernementale qui mène des actions diverses pour que les citoyens et les États puissent reconquérir le pouvoir perdu.

CLUB DE SCRABBLE DE QUIMPER
Participez au tournoi de Cornouaille !

PERSPECTIVES ASIATIQUES
Aidez-nous dans notre mission et assistez à la soirée spectacle avec l'ensemble Goda de musique hindoustanie du Nord de l'Inde, au théâtre des Feuillants, dimanche 10 mars à 18h.

LES ASSOCIATIONS LOI 1901
En 1901, une loi autorise les Français à s'unir pour réaliser des actions communes. L'association à but non-lucratif était née. Un siècle après son acte de naissance officiel, l'activité associative s'est largement imposée dans la société française et s'est révélée un outil de développement culturel, sportif, social et économique. Aujourd'hui, il existe en France environ 900 000 associations qui comptent 20 millions de membres et 9 millions de bénévoles. Elles concernent des domaines aussi divers que la défense des droits et intérêts de différents collectifs, les pratiques sportives et culturelles de toute sorte, les activités de rencontres orientées vers la convivialité, etc.

B Faites-vous partie d'une association ?
Si non, de quel type d'association aimeriez-vous faire partie ?

Je fais partie d'une association qui s'occupe de...
Si je faisais partie d'une association, ce serait pour...

4 | Les profils des consommateurs

A Lisez les descriptions suivantes et associez-les à un type de consommateur.

Vous adorez toutes les dernières nouveautés technologiques. Votre portable a un appareil photo et une caméra incorporés et, en plus, grâce à lui, vous pouvez recevoir des mails et regarder la télé. À la maison, vous téléchargez plein de films et de disques grâce à votre ligne ADSL et vous avez toujours le dernier appareil électronique qui vient de sortir.

Vous faites un tri sélectif scrupuleux et, pour cela, vous avez une poubelle pour chaque type de déchets. Vous consommez de préférence des produits bios et vous achetez dans des petites boutiques alimentaires. Vous recyclez vos eaux usées et votre maison utilise des matériaux et des énergies renouvelables.

Vous achetez dans des magasins de « hard discount ». Vous faites attention à toutes vos dépenses et vous limitez au maximum vos sorties. Vous n'achetez que le nécessaire, jamais le superflu. À la fin de l'été et de l'hiver, vous profitez des soldes pour acheter des vêtements et, le reste de l'année, vous cherchez des rabais de tous types. Vous économisez le plus possible à la caisse d'épargne.

Vous adorez les vêtements neufs et vous avez toujours le dernier accessoire qui va bien avec : lunettes, chapeau, chaussures, etc. Votre look est complet, tout est assorti. Même votre coupe de cheveu est tendance. Vous ne négligez aucun détail ; de la racine des cheveux au bout des ongles, tout est coordonné.

B Et vous, quel type de consommateur vous pensez être ?

Je suis quelqu'un qui adore...

- Tu es quoi, toi, comme type de consommateur ?
- Moi, je suis plutôt...

5 | La délinquance

A Dites à quoi font référence les témoins suivants.

vol   dégradation de biens publics
dégradation de biens particuliers   cambriolage

1 « Je me promenais tranquillement quand un garçon en moto m'a arraché mon sac. »

2 « Eh bien, j'ai retrouvé mon 4x4 avec les pneus crevés et plein de boue ! »

3 « Ben, ça paraît incroyable, mais quand je suis parti de la première station, le métro était propre, et à la dernière, il était entièrement tagué. »

4 « On a entendu l'alarme, on est allés dans les bureaux du club de sport et on a constaté la disparition de différentes médailles d'argent et d'or de notre équipe d'athlétisme. »

VERBES ET NOMS LIÉS À LA DÉLINQUANCE
Voler (vol)
Cambrioler (cambriolage)
Enlever, kidnapper (enlèvement, kidnapping)
Faire du chantage
Faire une fraude
Assassiner (assassinat)
Tuer

VERBES LIÉS À LA POLICE
Suivre, poursuivre
Arrêter
Interroger
Mettre une amende

B Racontez un fait divers lié à la police.

Un jour, j'ai vu un mec qui...

• *Tu te souviens d'un fait divers ?*

6 | Structurer ses propos

A Un sociologue parle des valeurs du travail aujourd'hui. Complétez le texte avec les connecteurs de la liste.

c'est-à-dire — en conclusion — en effet — de plus — d'un côté ... d'un autre côté

Les valeurs du travail

Il semble qu'aujourd'hui les valeurs du travail ne soient plus les mêmes qu'avant. ______, nos parents avaient une vision plus conventionnelle d'un emploi. Pour eux, c'était avant tout un moyen de subsistance et non de plaisir. ______, on pouvait en changer sans trop de difficultés. Or, ce n'est plus le cas de nos jours.

Les actifs sont aujourd'hui partagés entre deux tendances : ______, ils veulent la stabilité nécessaire pour mener leur vie de famille, ______, ils recherchent l'appartenance à un groupe, à une tribu, ______ un ensemble de personnes qui répondent aux mêmes règles et partagent les mêmes codes.

______, ce qui a changé au cours des dernières années, c'est que des valeurs comme le plaisir ou la satisfaction personnelle sont devenues déterminantes dans les choix professionnels de chacun.

STRUCTURER SON PROPOS

- **Pour introduire**
  Tout d'abord.
  Premièrement
  En premier lieu
- **Pour développer**
  Ensuite
  Puis
  En deuxième lieu
- **Pour finir**
  Enfin
  Pour finir/terminer
  En conclusion
  Pour conclure
- **Dans une présentation formelle**
  Je vais parler/parlerai de...
  Le premier point /le deuxième point, c'est...
  Je finirai/terminerai par...
  Le dernier point, c'est...
  Je conclurai par...

B Parmi ces articulateurs, lesquels servent à :
Ajouter un argument
Opposer deux idées
Expliquer ou développer un mot ou une idée
Résumer, conclure une idée

C Quels sont les éléments qui vous motivent ou motiveraient le plus dans votre travail ? Y en a-t-il d'autres ? Cherchez d'autres éléments qui composent votre travail actuel ou futur et présentez-les dans un petit texte.

le salaire — l'ambiance — le cadre de travail — les conditions de travail — les collègues — le prestige du poste — la flexibilité des horaires — (...)

Pour moi, le facteur le plus important, c'est...

• *Qu'est-ce qui est important pour toi, Natacha, dans le travail ?*

7 | L'expression des sentiments et de l'opinion

A Lisez ces titres de journaux. À l'aide des phrases qui suivent, dites ce que vous pensez.

Je regrette que... Il me semble important que...
Je trouve ça bien que... Je suis surpris que...

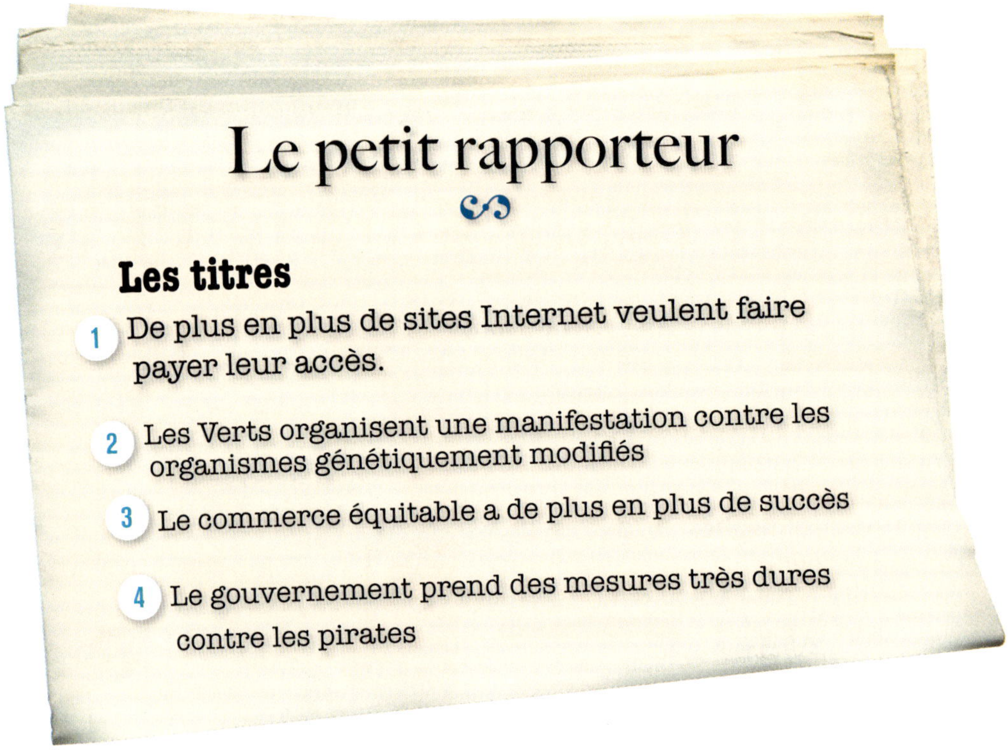

Le petit rapporteur

Les titres

1 De plus en plus de sites Internet veulent faire payer leur accès.

2 Les Verts organisent une manifestation contre les organismes génétiquement modifiés

3 Le commerce équitable a de plus en plus de succès

4 Le gouvernement prend des mesures très dures contre les pirates

8 | L'expression de l'opinion

A Complétez les opinions sur ces sujets et justifiez-les.

1 L'uniforme dans les collèges.
Je suis sûr/e que...

2 La violence dans la cour de récréation.
Je ne pense pas que...

3 Le remplacement des professeurs par des ordinateurs.
Je ne crois pas que...

4 La disparition des examens.
Je pense que...

B Discutez de ces thèmes avec un/e camarade.

- *Qu'est ce que tu penses de l'uniforme dans les collèges ?*
- *Je ne pense pas que...*

DONNER SON OPINION

- **À mon avis,** + INDICATIF
  À mon avis, *les gens* ***sont*** *facilement influençables par la pub.*
- **Pour/selon + moi, toi,** + INDICATIF
  Pour moi, *les gens* ***sont*** *facilement influençables par la pub.*
- **Il me semble que** + INDICATIF...
  Il me semble que *les jeunes* ***peuvent*** *difficilement étudier et travailler.*
- **Il me semble important/ intéressant... que** + SUBJONCTIF
  Il me semble important que *les consommateurs* ***puissent*** *s'informer sur les produits.*

9 | Le discours rapporté

A Voici deux voisins qui ne s'adressent pas la parole, mais qui ont beaucoup de reproches à se faire. Utilisez les verbes suivants pour rapporter les paroles de chacun.

dire estimer penser déclarer
se demander exiger affirmer demander

MONSIEUR DUPOND :
Le volume de sa télévision est trop fort.
Il gare toujours sa voiture devant mon entrée de garage.
Il pourrait me dire bonjour quand il me voit.
Il a déjà assisté à une réunion de propriétaires ?

MONSIEUR MARTIN :
Ses enfants sont mal élevés.
Il ne m'a jamais adressé la parole pour dire une chose aimable.
Il me critique systématiquement auprès des autres voisins.
Pourrait-il arrêter de passer l'aspirateur le dimanche à 8h du matin ?

Monsieur Dupond, votre voisin affirme que...
Monsieur Martin, votre voisin estime que...

B Vos camarades vont jouer le rôle de ces deux voisins qui ne se parlent pas et ils vont inventer d'autres reproches. Vous allez faire l'intermédiaire. Ensuite, vous changerez les rôles.

• *Alors, Monsieur Dupond, votre voisin Monsieur Martin dit que...*

grammaire

LES VERBES DU DISCOURS RAPPORTÉ
- Rapporter des faits
  dire, expliquer, commenter, raconter, affirmer, réclamer, répéter, rappeler, observer, ... que ...
- Rapporter des propositions ou suggestions
  proposer, suggérer, conseiller, ... que ...
- Rapporter une question
  Demander, se demander si ...
- Rapporter une réponse
  répondre, répliquer, ... que ...

10 | Les pronoms y et en (1)

Vous entendez ces bribes de conversation dans le bus : de quoi ces personnes parlent-elles ?

Tu sais quand on est rentré et qu'on a repris le travail, on oublie très vite, on n'y pense plus après trois jours.
On ne pense plus...

Oh moi, j'en ai peur, je n'ose même pas y penser. Ne plus pouvoir rester chez moi parce que je suis trop vieille. Ah non !
Elle a peur... Elle n'ose pas penser...

Je ne m'y habitue pas, depuis que j'ai changé, les nouveaux collègues, nouveaux bureaux, nouvelles manières de faire les choses, non, non, je ne m'y habitue pas.
Il ne s'habitue pas...

C'était en juillet, le 12 pour être précis. Je m'en souviens très bien parce que, ce jour-là, tout le monde était venu pour voir les résultats. Imagine, le premier bachelier de la famille !
Il se souvient...

grammaire

LES EXPRESSIONS
AVEC **EN** ET **Y**
*J'**en** ai assez.*
*J'**en** ai marre (fam.)*
*Je m'**en** vais : je pars.*
*Je lui **en** veux : je suis fâché/e contre lui.*

*Il **y** a ...*
*On **y** va : on part*
*Ça **y** est ! : ça commence ou c'est fini.*

11 | Les pronoms y et en (2)

A Ce test vous sera utile pour connaître votre attitude face à votre avenir professionnel. Répondez oui ou non comme dans le modèle, puis complétez les phrases.

aider aller faire louer ouvrir payer permettre pouvoir sortir venir

1 Vous pensez souvent à votre travail quand vous êtes en vacances ?
a Oui, j'y pense.
b Non, je n'y pense pas.

2 Vous vous adaptez facilement à une nouvelle situation ?
a Oui ____________
b Non ____________

3 Vous avez envie d'évoluer dans votre carrière professionnelle ?
a Oui ____________
b Non ____________

4 Vous vous intéressez aux dernières avancées technologiques ?
a Oui ____________
b Non ____________

5 Vous avez besoin de temps pour organiser votre vie professionnelle ?
a Oui ____________
b Non ____________

6 Vous vous souvenez souvent de vos expériences passées ?
a Oui ____________
b Non ____________

7 Vous réfléchissez beaucoup à une décision avant de vous engager ?
a Oui ____________
b Non ____________

B Après avoir répondu au test, lisez les solutions. Êtes-vous d'accord avec le résultat ?

VOUS AVEZ UNE MAJORITÉ DE A : pour vous, le travail est un moyen de subsistance et vous mettez votre énergie ailleurs. Mais n'oubliez pas qu'un bon équilibre de vie consiste aussi à être heureux/euse professionnellement. Un peu d'ambition ne nuit pas au bonheur.

VOUS AVEZ UNE MAJORITÉ DE B : vous êtes ambitieux/euse et les valeurs du travail sont pour vous primordiales dans votre vie. Vous désirez progresser et vous êtes prêt/e à faire les efforts et sacrifices nécessaires pour y parvenir. Mais attention, le passé est important et vous ne devez pas négliger les leçons apprises au cours de vos expériences passées.

L'expression des sentiments

- La personne qui éprouve le sentiment est le sujet.
  - *aimer, adorer, désirer, préférer...* + INFINITIF
  - *aimer, adorer, désirer, préférer...* + **que** + SUBJONCTIF
  - *craindre, être ravi/e, heureux/euse, content/e, surpris/e, déçu/e, désolé/e, ennuyé/e, choqué/e, mécontent/e... avoir envie, honte, peur...* + **de** + INFINITIF
  - *craindre, être ravi/e, heureux/euse, content/e, surpris/e, déçu/e, désolé/e, ennuyé/e, choqué/e, mécontent/e... avoir, envie, honte, peur...* + **que** + SUBJONCTIF

- La personne qui éprouve le sentiment est COD ou COI.
  - **Ça** *l'agace/l'ennuie/l'énerve...* **de** + INFINITIF
  - **Ça** *l'agace/l'ennuie/l'énerve...* **que** + SUBJONCTIF
  - **Ça** *lui plaît/fait plaisir...* **de** + INFINITIF
  - **Ça** *lui plaît/fait plaisir...* **que** + SUBJONCTIF

J'aime, j'adore, je déteste, je préfère... que tu me téléphones.
Je trouve ça sympa, génial... que tu me téléphones.
Je suis heureux/euse, enchanté/e, ravi/e, surpris/e... que tu me téléphones.
J'ai besoin/ envie/peur... que tu me téléphones.
Ça m'agace, m'énerve, me dégoûte, me plaît... que tu me téléphones.

L'expression de l'opinion et de la certitude au subjonctif

- Après les verbes exprimant l'opinion ou la certitude, il faut utiliser l'indicatif.
  *Je crois que, dans la vie, la famille **est** une priorité.*
  *Je suis convaincu qu'il **fera** attention aux autres.*

- Mais à la forme négative, on utilise en général le subjonctif.
  *Je ne crois pas que, dans la vie, la famille **soit** une priorité.*
  *Je ne suis pas convaincu qu'il **fasse** attention aux autres.*

Le discours rapporté

- Pour rapporter une affirmation :
  J'ai terminé mes devoirs. ⟶ *Il dit qu'il a terminé ses devoirs.*

- Pour rapporter une question dont la réponse est **oui** ou **non** :
  Est-ce que Marie est arrivée ? ⟶ *Il demande **si** Marie est arrivée.*

- Pour rapporter une question introduite par **qu'est-ce que** ou **qu'est-ce qui** :
  Qu'est-ce que Marie a dit ? Qu'est-ce qui l'intéresse ? ⟶ *Il demande* **ce que** *Marie a dit et* **ce qui** *l'intéresse.*

- Pour rapporter un ordre :
  - **Dire de** + INFINITIF
    Ferme cette porte. Écoute-moi. Prends des notes.
    *Il **dit de fermer** cette porte, **de l'écouter** et **de prendre** des notes.*
  - Il est aussi possible d'utiliser **demander**, **exiger que**... + SUBJONCTIF
    *Il **exige que** tu **fermes** cette porte, que tu **l'écoutes** et que tu **prennes** des notes.*

⚠ Attention, pour rapporter les paroles de quelqu'un, il faut penser à changer les pronoms personnels complément et les adjectifs et pronoms possessifs.

Les pronoms y et en

- Le pronom **y** remplace un complément introduit par la préposition **à** quand il s'agit d'un objet ou d'une idée :
  - *Tu penses à ton travail pendant les vacances ?*
  - *J'**y** pense parfois, mais pas toujours.*

  - *Tu as pensé à prendre les clés ?*
  - *Oui, pour une fois, j'**y** ai pensé.*

- Il remplace aussi un complément de lieu introduit par **à** :
  - *Vous allez souvent à la plage ?*
  - *Oui, on **y** va tous les week-ends.*

  Il peut aussi remplacer des compléments de lieu introduits par d'autres prépositions comme **dans**, **en**, **sur** :
  - *Vous allez souvent **en** boîte ?*
    ***dans** le bar de Paul ?*
    ***sur** la place de la République ?*
  - *Oui, j'**y** vais régulièrement.*

⚠ Attention, pour parler de personnes, il faut utiliser **à** + PRONOM TONIQUE.
J'ai pensé à mes enfants ce matin. ⟶ *J'ai pensé **à eux.***

- Le pronom **en** remplace un complément introduit par la préposition **de** quand il s'agit d'un objet (ou d'une idée), d'un lieu ou d'une quantité :
  - *Est-ce que tu as besoin de ce livre ?*
  - *Oui, j'**en** ai besoin.*

  - *Tu viens de Marseille ?*
  - *Oui, j'**en** viens.*

Texte oral 1 Junior

A Quel pourrait être le titre de cette écoute ?

- ☐ Les « Restos du cœur », une association active sur tous les plans
- ☐ Le concert des Enfoirés à Lyon, une belle réussite
- ☐ Allez au concert des Enfoirés à Lyon, vous passerez un moment formidable !

B Répondez aux questions suivantes :
- Que représente la scène ?
- Comment se passe l'entrée en scène des artistes ?
- Comment réagit le public au spectacle ?

C Connaissez-vous d'autres façons originales de combattre les injustices sociales ou d'aider les associations qui les combattent ? Discutez-en avec un/e camarade.

Texte oral 2

A Vous allez entendre trois personnes qui parlent des petits plaisirs de la vie. Selon vous, quelle est la valeur principale exprimée dans chaque extrait ?

la convivialité	la solidarité	consommer un produit
un espace de liberté	la vie de famille	la richesse

1 .... 2 .... 3 ....

B Écoutez une deuxième fois le premier enregistrement. Le discours n'est pas fluide et cette personne utilise différents procédés pour réfléchir à ce qu'elle va dire. Lisez la transcription et soulignez ces procédés.

« *Alors moi, mon petit plaisir de la journée c'est le matin, quand je me lève, euh... donc il fait pas chaud, on est encore un peu endormi et... donc je prépare le café et euh... après quand le café est prêt, alors, déjà y a l'odeur du café hein, ça c'est déjà un vrai petit plaisir, de sentir l'odeur du café dans la maison et puis ensuite euh, ben c'est le boire quand il est très chaud et fumant, quand il y a pas de bruit autour, et... Ben ça c'est un de mes petits plaisirs de la journée. Enfin, y en a d'autres, hein, euh, j'sais pas moi, par exemple, lire le journal dans le métro ou... mais disons que le café bien chaud bien fort du matin, c'est un petit plaisir personnel que j'attends, enfin, je veux dire, qui compte, quoi.* »

> Vous voyez qu'une personne ne s'exprime pas toujours avec fluidité parce qu'elle réfléchit ou hésite. Vous aussi, vous avez le droit d'hésiter et de penser à ce que vous allez dire pendant l'épreuve orale de l'examen. Vous pouvez utiliser ces mêmes procédés.

C Écoutez à nouveau le deuxième enregistrement et complétez les phrases suivantes avec les mots qui manquent.

Elle dit qu'il y a beaucoup de petits plaisirs, sinon la vie ne serait pas ....

Elle explique qu'elle prend de temps en temps une .... juste pour elle.

Elle dit que, ces jours-là, elle fait ce qu'elle .... de faire

Elle précise que ce n'est pas une chose ...., mais que ça ne doit pas être .... C'est ce qui fait le .... de ce moment.

D Sur le même modèle, rapportez les paroles du troisième enregistrement.

E Et pour vous, les petits plaisirs de la vie, qu'est-ce que c'est ? Pouvez-vous les raconter à votre partenaire ?

Texte écrit 1 Junior

A Lisez l'article et dites comment les jeunes perçoivent les marques.

au collège | au lycée | à l'université

Look et vêtements de marques, des éléments plus ou moins décisifs de votre vie

Même si vous ne voulez pas
avant le style, la coupe ou
les marques. Bien sûr, vou
que le pantalon, le pull ou
avez choisis sont très beau
ils portent aussi souvent un
Diesel, Ralph Lauren, Nike, e
Pourquoi vos yeux –et vot
vont systématiquement vers d

qu'avant tout, le joueur de polo de Ralph Lauren ou le crocodile de Lacoste sont des symboles qui vous rapprochent des autres. Au collège, voir sur le blouson d'un autre le même code vous donne l'impression d'appartenir au même groupe. Et, plus la marque est connue, mieux c'est. Alors, les marques préférées (une dizaine au maximum) sont des marques que tous, jeunes ou moins jeunes, reconnaissent facilement.

Mais au lycée, les choses changent. Si vous
marque, c'est plutôt pour
préférez que votre tenue
ter pour les garçons ou
ncore vous donne le style
dorez. Bref, vous voulez
es de votre communauté
simplement de mode.
des études supérieures,
ales ! Le mot d'ordre
vous préférerez porter
que chose de spécial,
premier grand amour
w York que vous avez
beaucoup mieux s'il
est cher et exclusif).

La prochaine fois donc, réfléchissez bien avant de mettre 150 euros dans des lunettes tendance ou dans une super veste griffée ! Vos parents apprécieront (les pros du marketing moins)... et vous pourrez peut-être sortir un peu plus avec vos potes avec ce que vous aurez économisé.

Affiche entamée

B L'opinion du journaliste sur ce phénoméne est-elle positive ou négative ? Soulignez les parties qui vous donnent des pistes.

C Indiquez les différentes parties du texte et leurs idées principales.

Texte écrit 2

A Lisez ces messages. Trouvez à quel sujet ils font référence.

les devoirs du citoyen — la liberté individuelle — le travail — la paix — l'environnement

FAITES L'AMOUR ...
pas la guerre

NOUS NE VOULONS PAS LE PLEIN EMPLOI MAIS UNE VIE PLEINE : CHÔMEURS, RMISTES, ÉTUDIANTS, MOBILISONS-NOUS !

POUR CEUX QUI SE REBELLENT. AUX PROCHAINES ÉLECTIONS, FAITES-VOUS ENTENDRE.

Faut-il plier ou résister ?

Y'en a marre de la productivité.
Y en a marre du fric. À bas le travail !
Arrêtez l'EXPLOITATION !

Grande manif pour sauver les arbres de L'Amazonie. Contre la surexploitation des forêts, RDV Place de la République samedi 17h

Le nucléaire ?
Non merci.

Nous ne sommes pas à vendre. Oui à un travail décent pour tous !

La nature n'a fait ni serviteurs ni maîtres, je ne veux donner ni recevoir d'ordres.

B Trouvez dans les messages un mot qui correspond aux définitions suivantes :

.... : c'est un concept utilisé en politique qui exprime le désir de voir tout le monde avec une activité professionnelle.

.... : c'est une personne qui n'a pas de travail et qui touche le Revenu Minimum d'Insertion.

.... : c'est une expression utilisée pour dire qu'on en a assez de quelque chose.

.... : c'est un mot argotique qui désigne l'argent.

> Grâce aux expressions soulignées, vous pouvez donner des définitions de mots que vous ne connaissez pas.

C Êtes-vous d'accord avec certains messages ? Lesquels ? Pourquoi ? Parlez-en avec votre partenaire.

LES CLÉS DU MICRO-TROTTOIR

Dans cette épreuve, vous allez entendre un document de type journalistique. Il s'agit d'un micro-trottoir : un/e journaliste interroge des passants sur un fait de société.

■ Exemple

Vous avez quinze secondes pour lire les questions. Vous entendrez ensuite deux fois le document avec une pause de quinze secondes entre les deux écoutes pour commencer à répondre aux questions, puis vous aurez trente secondes pour compléter vos réponses.

Transcription :

◆ *Bonjour et bienvenue à tous nos auditeurs. Une récente enquête sur les habitudes alimentaires des Français a démontré de grands changements sur l'alimentation. Être bien dans sa peau, manger équilibré, garder la ligne... des arguments de promotion indéniables pour les grands groupes alimentaires. Des restaurants nouvelle gastronomie fleurissent partout : des bars à soupe, des sandwichs zen, des salades aux produits bio... Pour en savoir plus, Raphaël est allé sur le vieux port pour interroger les Marseillais sur leurs habitudes alimentaires.*

● *Bonjour Madame, vous êtes en direct sur Radio Conso, pouvez-vous nous dire ce que vous mangez à déjeuner ?*

○ *Je travaille dans le centre ville et je n'ai qu'une courte pause. C'était toujours un problème de trouver un endroit où manger vite et sain donc souvent, je cuisinais à la maison mais je n'avais pas toujours le temps de préparer à l'avance mon repas. Heureusement, un petit restaurant vient d'ouvrir à deux pas d'ici. On peut manger des salades et tous les produits sont diététiques. En plus, l'ambiance est très sympa et le service rapide. C'est un peu cher, mais bon, l'important pour moi, c'est de manger des repas équilibrés.*

● *Merci. Et vous Mademoiselle, que mangez-vous le midi ?*

○ *Euh... Ça dépend. Contrairement à la majorité des étudiants, j'évite le resto universitaire. Je préfère manger un sandwich dans un petit bar à côté de la fac.*

● *Monsieur, Monsieur, une question pour Radio Conso. Pouvez-vous nous dire ce que vous mangez au déjeuner ?*

○ *Ben, ce que cuisine ma femme. Mes collègues de bureau déjeunent à la va-vite à la cantine ; mais moi, j'ai la chance d'habiter tout près. Je rentre donc chez moi pour la pause de midi.*

1. Une enquête a montré que l'alimentation des Français change.

- ☒ Vrai
- ☐ Faux
- ☐ On ne sait pas.

C'est vrai. C'est ce changement qui justifie les questions du journaliste. L'objectif est de recueillir des témoignages sur les habitudes alimentaires des Français.

2. La question du journaliste porte sur...

- ☐ les plats consommés au dîner.
- ☒ les aliments pris au déjeuner.
- ☐ les lieux des repas du midi.

Vous devez bien lire les trois propositions. Les personnes interviewées parlent de ce qu'elles mangent et des endroits où elles prennent leur repas, mais le journaliste pose uniquement des questions sur ce qu'elles déjeunent (repas du midi).

3. Où les personnes interviewées déjeunent-elles ?

	Personne 1	Personne 2	Personne 3
Bar		X	
Restaurant	X		
Restaurant universitaire			
Cantine			
Maison			X

Dans ce tableau on vous propose cinq endroits différents, cités dans le micro-trottoir. Néanmoins, chaque personne mange dans un seul lieu. Il faut donc mettre une seule croix par personne.

Écoutez attentivement l'introduction. Elle va vous aider à comprendre le sens général et le thème du document proposé.

Dans ce type d'exercice, vous entendez plusieurs voix. Posez-vous des questions qui peuvent vous aider à répondre aux questions : *Quelle est la question posée à ces personnes ? Combien de personnes sont interrogées ? S'agit-il d'un homme ? D'une femme ?* etc.

Si vous avez des difficultés pour comprendre le document, essayez de créer du sens autour des notions que vous comprenez. Vous devez être capable de regrouper les idées comprises et de synthétiser les informations pour avoir une idée plus générale du document.

■ Exercice 1

Vous allez entendre un documents sonore. Vous aurez :
- *30 secondes pour lire les questions ;*
- *une première écoute, puis 30 secondes de pause pour commencer à répondre aux questions ;*
- *une deuxième écoute, puis 1 minute de pause pour compléter vos réponses.*

Répondez aux questions en cochant (X) la bonne réponse ou en écrivant l'information demandée.

1. On a demandé à deux personnes ce qu'il faut pour...
   - ☐ être en forme.
   - ☐ rester jeune.
   - ☐ ne pas prendre de poids.

2. La première personne interrogée va actuellement à des séances de psychanalyse.
   - ☐ Vrai
   - ☐ Faux
   - ☐ On ne sait pas.

3. Selon la deuxième personne interrogée, le sport est important.
   - ☐ Vrai
   - ☐ Faux
   - ☐ On ne sait pas.

4. Citez deux traitements qui peuvent être faits dans un salon de beauté.

....

....

LES CLÉS DE L'ARTICLE

Dans cette épreuve, vous devez lire un article de presse et montrer votre compréhension en répondant à des questions sur le document. Vous devez cocher les options correctes ou rédiger des réponses courtes.

■ Exemple

Lisez le texte, puis répondez aux questions en cochant la bonne réponse ou en écrivant l'information demandée.

MARIAGE, LE GRAND RETOUR

Se marier, se fiancer, se pacser, commémorer une union libre... Tout est bon pourvu qu'on s'aime ! Et il faut le faire savoir, le montrer, marquer le coup, peu importe comment.

Tous et toutes cherchent une façon de célébrer leur engagement pour un bout de vie, mais autrement que leurs parents. Ils et elles veulent du sur-mesure. La nouvelle mode, ce sont les mariages à l'extérieur : les mariés veulent sortir du cadre conventionnel d'un lieu de culte. Jamais les célébrations n'ont été aussi peu traditionnelles.

Ces unions représentent un marché économique colossal. Il y a plus de 250 000 mariages par an. En 5 ans, le nombre de boutiques spécialisées a augmenté de 20 % et le prix moyen d'une cérémonie se situe aux alentours des 12 000 euros. Entre la voiture, la robe, le traiteur, les alliances, le photographe, les confettis et le brunch du lendemain, les prestataires se multiplient et les additions augmentent vite. La bonne nouvelle pour les parents, c'est que les époux, qui se marient plus tard (environ 30 ans pour les hommes et 28 ans pour les femmes), ont aussi plus de ressources et ne rechignent pas à participer aux nombreux frais.

On assiste à un vrai retour du sentimental, on cherche à nouveau le prince charmant ; le discours amoureux est valorisé et le mariage est à nouveau sacralisé. De plus en plus de couples, par manque de temps ou par envie de se distinguer, confient la cérémonie à des agences. Les gens cherchent de plus en plus à créer un événement décalé, mais si l'on change tous les symboles, ce n'est plus un mariage, mais une fête. Ainsi, les fiançailles font un retour inattendu sans pour autant qu'il y ait de mariage prévu par la suite. Ces fiançailles prennent la forme d'une véritable cérémonie : des dizaines d'invités, une liste déposée dans un grand magasin... sauf que les parents, qui ont financé la fête, préparé la salle et organisé la soirée, ne sont pas invités ! C'est souvent une étape que l'on construit à deux et avec les amis mais sans la famille. Une occasion de « bien » faire les choses, selon les règles, car finalement, ce qui importe à ces nouveaux jeunes mariés, c'est de vivre une journée unique et une union pour l'éternité.

1. Cet article informe sur les nouvelles pratiques non-conventionnelles de la célébration du mariage.

- [x] Vrai
- [ ] Faux
- [ ] On ne sait pas.

L'article dit clairement que « les mariés veulent sortir du cadre conventionnel » et que « les cérémonies n'ont jamais été aussi peu traditionnelles ».

2. Parmi les services presque incontournables pour un mariage, citez deux types d'entreprises auxquelles les mariés peuvent faire appel :

le photographe, le couturier

D'après la phrase « la voiture, la robe, le traiteur, les alliances, le photographe, les confettis et le brunch du lendemain », vous pouvez citer « le photographe » ou déduire certains métiers : *la robe = le couturier.*

3. Les fiançailles sont redevenues à la mode parce que...

- [ ] la cérémonie des fiançailles coûte moins cher.
- [x] les fiancés veulent suivre la tradition.
- [ ] les parents ne sont pas invités.

Les parents ne sont pas invités, mais ce n'est pas la raison pour laquelle les fiançailles sont à la mode. Les fiancés « veulent faire les choses bien », dans les règles, selon la tradition.

Les textes proposés sont longs (350 à 400 mots environ). Vous devez être capable de tout lire et, même si vous ne comprenez pas l'intégralité du texte, de repérer les réponses.

Lisez bien les questions avant même d'aborder le texte afin d'avoir une première approche du document.

Quand les réponses doivent être rédigées, vous ne trouverez pas toujours le mot exact dans le texte. On peut vous demander de les rédiger avec vos propres mots et de déduire une réponse à partir des informations du document.

On ne vous demande pas de donner votre avis. Vous ne devez faire appel à aucune de vos connaissances sur le sujet, mais simplement retrouver les informations fournies dans le texte.

LES CLÉS DU CONCOURS

Cette épreuve consiste à s'entraîner à participer à un concours. Vous devrez écrire un texte cohérent de type article ou essai pour donner vos impressions, expliquer votre point de vue raconter votre expérience sur le thème du concours.

■ Exemple

Vous découvrez cette annonce par hasard sur Internet. Vous n'habitez pas à Paris, mais ce sujet vous inspire. Vous décidez de participer en envoyant un texte cohérent de 180 mots environ pour décrire la vie de votre quartier.

Le jour se lève. C'est l'été et il fait chaud. J'entends l'eau de la fontaine sur la place, comme un bruit de fond qui accompagne les différents personnages de mon quartier : ouvriers, artistes, étudiants, artisans… sans oublier les touristes matinaux !
❶ Tous se croisent dans un quotidien calme et chaotique à la fois. J'ai l'impression d'être dans un petit village **où** tout le monde se dit bonjour. Cela crée une sensation de bien-être.
Dans mon quartier, on trouve encore quelques vieux commerces, comme celui du menuisier, **mais** aussi des boutiques très « tendance », comme le salon de coiffure **qui** est juste en bas de chez moi et **qui** accueille régulièrement des expositions d'art contemporain.
Mais toute cette vie s'arrête quand la nuit tombe, **car** il n'y a ni cinéma ni restaurant pour sortir le soir. Il ne reste alors plus que le bruit de l'eau qui coule dans la fontaine de la place centrale. ❷

- Donnez une cohérence à votre texte.
- Pensez à rédiger une introduction (**1**) et une conclusion (**2**). D'un point de vue stylistique, on apprécie – mais ce n'est pas obligatoire – qu'il y ait un rapport entre (**1**) et (**2**).
- Ne vous contentez pas de phrases simples. Il ne s'agit pas d'une liste ou d'une énumération. Construisez des phrases complexes à l'aide de pronoms relatifs (en **rouge**) ou de conjonctions (en **vert**).
- Il faut bien lire le sujet pour créer le type de texte adapté : *Que demande-t-on ? De raconter une histoire ? De donner un avis sur un fait de société ? De décrire des expériences ? Est-ce que j'écris à une personne en particulier ?*

Soignez la présentation. Montrez au lecteur que votre texte est structuré. Sautez des lignes.

Relisez votre travail ! C'est une étape essentielle pour une épreuve réussie. Organisez votre temps et gardez au moins 5 minutes pour relire plusieurs fois votre texte. Par exemple : la première lecture peut servir à avoir une vue d'ensemble du texte et de la ponctuation ; une deuxième lecture à examiner seulement les verbes (*Est-ce que le temps est correct ? Est-ce que j'ai bien accordé le verbe avec le sujet ? Est-ce que je n'ai pas oublié un s à la deuxième personne du singulier ?*) ; une troisième lecture à fixer votre attention sur les accords (*L'article est-il correct ? L'adjectif est-il accordé avec le nom ?*).

■ Exercice 1

Vous avez vu cette annonce dans votre revue préférée. Vous décidez de vous présenter à ce concours.

À table !

À l'occasion de l'exposition « À table ! »,
le Palais de la Découverte organise
un grand concours sur les habitudes alimentaires.
Participez-y en écrivant un petit texte de
180 mots sur ce que vous mangez.
Vous pourrez gagner des repas gastronomiques
dans les meilleurs restaurants de France.

LES CLÉS DE L'EXPRESSION D'UN POINT DE VUE

Vous allez vous préparer à l'épreuve : « expression d'un point de vue ». On vous demandera d'exprimer votre opinion sur la base d'un document.

L'examinateur vous donnera à lire deux petits textes. Ensuite, il vous demandera d'en choisir un. Vous pouvez lui demander des précisions si vous n'êtes pas certain/e de comprendre. Vous aurez ensuite 10 minutes pour lire le texte, en dégager l'idée principale et préparer un monologue de 3 minutes. Finalement, l'examinateur discutera avec vous sur ce thème.

■ Exemple

Vous devez tirer au sort l'un des deux documents que vous présente l'examinateur. Vous devez ensuite dégager le thème du document et présenter votre opinion sous forme d'un exposé personnel de 3 minutes environ.

L'examinateur pourra vous poser quelques questions.

« Spécial Botox : pour les fêtes, offrez-vous une injection de Botox ! ».

Aux États-Unis, cette publicité a fait sensation et les cliniques ont vu leurs listes d'attente s'allonger. En Europe, la chirurgie esthétique est de plus en plus pratiquée, mais rares sont les personnes qui avouent avoir recours à ces interventions médicales.

Pour réaliser cet exercice, une démarche logique et cohérente est nécessaire :
- Il faut bien lire le texte pour définir le sujet. Se poser les questions : *Quelle est l'idée principale ? Quel est le sujet à commenter ?*
- Vous devez vous faire une opinion sur le sujet. *Est-ce que je suis d'accord avec le texte ? Pourquoi ? Dans quels cas ?* Réfléchissez en déclinant le thème proposé. Pensez à des exemples qui illustrent votre pensée.
- Construisez votre discours en suivant un plan pour organiser vos idées.

On vous demande votre opinion. Ne dites pas « je ne sais pas », mais modulez votre discours et justifiez systématiquement votre réponse. Vous montrez ainsi que vos idées s'appuient sur des faits concrets.

On ne vous demande pas d'avoir un avis sur tout, mais vous devez être capable de mettre en place des stratégies afin d'apporter une réponse à des questions. Servez-vous de votre expérience.

Au brouillon, vous pouvez noter quelques idées qui vous viennent à l'esprit quand vous pensez à ce thème.

Soyez détendu/e. Parlez clairement, avec aisance. Faites des gestes pour accentuer votre propos.

N'hésitez pas à faire des pauses. C'est souvent utile pour souligner une idée importante.

■ Exercice 1

A Définir le sujet

Lisez ce petit texte.
Soulignez les mots-clés du texte et présentez en une phrase le thème évoqué dans le document.

Depuis 20 ans, le rap français représente les jeunes des banlieues. Une musique qui leur ressemble, qui parle de leur vie, de racisme, de violence, de discrimination. Certains chanteurs ont été mis en cause lors des émeutes en novembre 2005. D'après vous, la musique peut-elle influencer le comportement des jeunes ?

Thème à commenter :

....

B Se faire une opinion

Après avoir lu le texte, répondez aux questions suivantes en prenant des notes au brouillon pour chaque question. À la fin, reprenez vos réponses pour construire le discours oral.

Questions :

- *Aimez-vous la musique ?*
- *Quel style de musique écoutez-vous ?*
- *Vous êtes plus sensible aux paroles ou à la musique ?*
- *Avez-vous tendance à suivre les idées des chanteurs que vous aimez bien ? À vous habiller comme eux ?*
- *Pensez-vous qu'un chanteur puisse donner de bons conseils ?*
- *Connaissez-vous un/des style/s de musique « alternative » ?*
- *Que pensez-vous du rap ? De la techno ? De la musique gothique ?*
- *La musique est-elle associée à un style de vie ?*
- *Connaissez-vous une personne qui a changé son attitude depuis qu'elle écoute un autre style de musique ?*
- *En quoi la musique peut-elle avoir une mauvaise influence ?*
- *Dans certains pays, des types de musiques sont interdits. Qu'en pensez-vous ?*
- *Pensez-vous que chacun doit être libre d'écouter ce qu'il veut ?*
- *Les jeunes sont-ils assez forts pour ne pas se laisser influencer ?*

C Organiser ses idées

Pour terminer, vous devez exposer votre opinion. On vous propose un plan, suivez-le pour organiser vos idées !

Plan

1. Définir le sujet
2. Opinion
   - 2.1. Justification
   - 2.2. Exemple
3. Conclusion

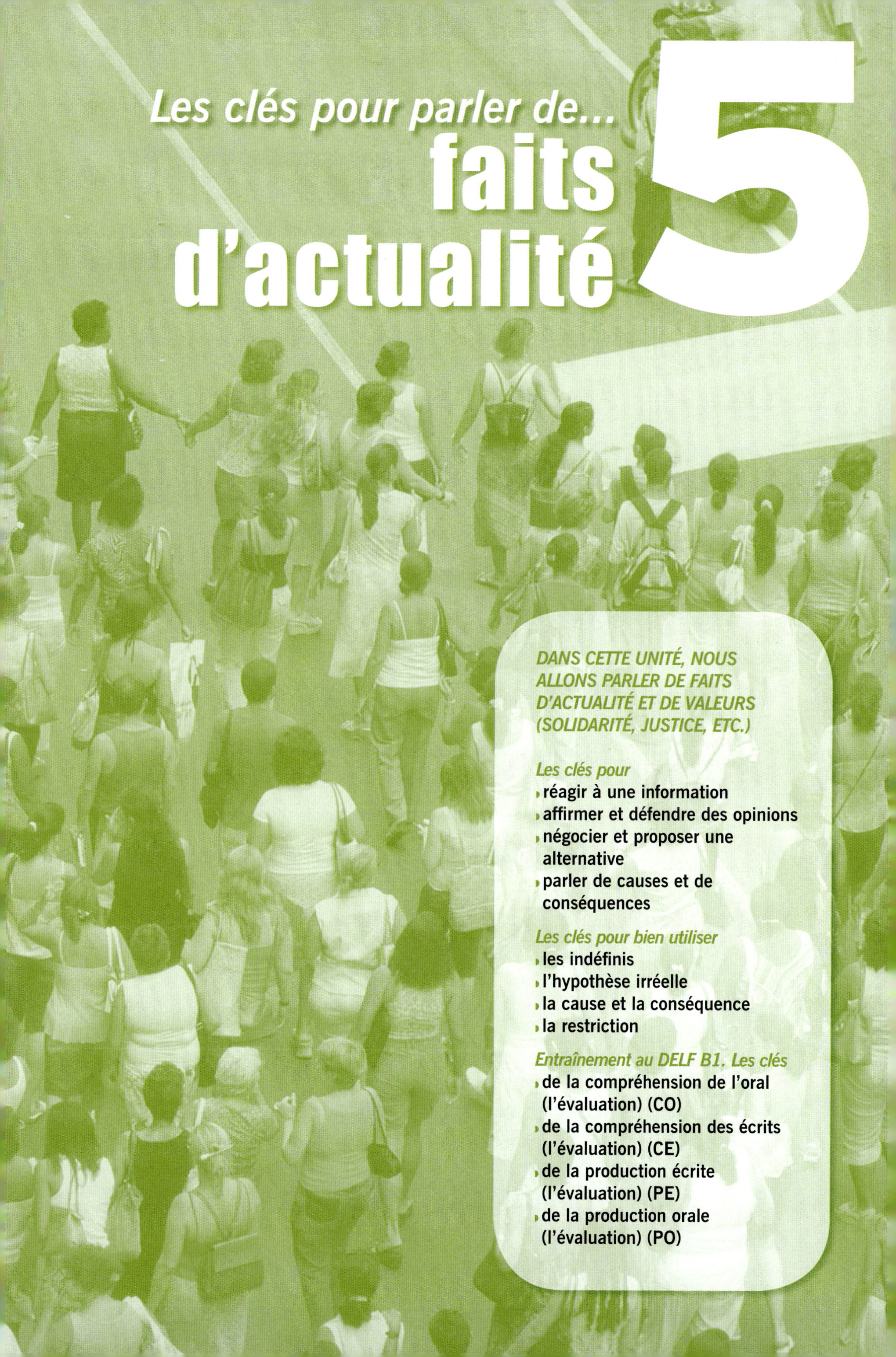

Les clés pour parler de...

faits d'actualité

5

DANS CETTE UNITÉ, NOUS ALLONS PARLER DE FAITS D'ACTUALITÉ ET DE VALEURS (SOLIDARITÉ, JUSTICE, ETC.)

Les clés pour

- **réagir à une information**
- **affirmer et défendre des opinions**
- **négocier et proposer une alternative**
- **parler de causes et de conséquences**

Les clés pour bien utiliser

- **les indéfinis**
- **l'hypothèse irréelle**
- **la cause et la conséquence**
- **la restriction**

Entraînement au DELF B1. Les clés

- **de la compréhension de l'oral (l'évaluation) (CO)**
- **de la compréhension des écrits (l'évaluation) (CE)**
- **de la production écrite (l'évaluation) (PE)**
- **de la production orale (l'évaluation) (PO)**

lexique

LES VERBES DES ÉVÉNEMENTS
- Se passer
  *Tu sais ce qui **s'est passé** hier en Colombie ?*
- Arriver
  - ● *Qu'est-ce qu'il **t'arrive** ?*
  - ○ *Eh bien, il **m'est arrivé** quelque chose de grave.*
- Avoir lieu
  *La soirée des Oscars **aura lieu** dimanche soir.*
- Se produire
  *Il **s'est produit** un changement important des relations entre l'Est et l'Ouest.*

1 | Les actualités

A Quels sont, selon vous, les événements marquants qui se sont produits au cours de l'année ? Voici quelques thèmes d'actualité pour vous aider.

CONFLITS — POLITIQUE INTERNATIONALE — ENVIRONNEMENT — FAITS DIVERS — ÉVÉNEMENTS INTERNATIONAUX — POLITIQUE NATIONALE — RENCONTRES SPORTIVES

● *Pour moi, l'événement mondial le plus marquant, c'est l'élection de...*

B Imaginez des titres de presse pour les événements que vous avez évoqués dans l'exercice précédent. Vous pouvez utiliser les mots des listes ci-dessous pour vous aider.

Les verbes :
se produire, avoir lieu, se passer, arriver, annoncer, déclarer, accuser, présenter, lancer, célébrer, organiser, proposer, se soulever, juger, protester, expliquer, arrêter, accorder, se mobiliser, etc.

Les substantifs :
catastrophe, tragédie, émeute, conflit, rencontre, match, accident, cérémonie, célébration, élection, tempête, intervention, manifestation, grève, procès, offensive, opération financière, négociation, etc.

Les adjectifs :
tragique, dramatique, inattendu, distant, inquiétant, préoccupant, remarquable, ancien, significatif, important, célèbre, étonnant, récent, proche, justifié, inacceptable, scandaleux, exceptionnel, divers, etc.

Catastrophe en Iran : un tremblement de terre s'est produit dans le sud du pays.

C Retrouvez les mots qui manquent dans les titres suivants.

a eu lieu — inattendue — sommet — conflit — tragédie — affrontements — interpellées

___ SUR LA ROUTE DU RETOUR DES VACANCES : 6 MORTS DANS UN ACCIDENT MULTIPLE SUR L'A6

Une solution se profile pour le ___ qui oppose les grévistes et la direction du groupe Preda

___ DES MINISTRES DE L'ÉCONOMIE : DE NOUVELLES MESURES POUR REDRESSER L'ÉCONOMIE EUROPÉENNE

CONCLUSION ___ DU PROCÈS D'ÉRIC MARCHAND.

DES ___ ONT ÉCLATÉ DANS LA CAPITALE. BILAN : UNE CINQUANTAINE DE PERSONNES ___

La 31ème cérémonie des Césars ___ hier soir au théâtre du Châtelet à Paris

2 | L'environnement

A Cinq personnes ont parlé de l'environnement. Lisez leurs commentaires et dites à qui pourrait correspondre chacun.

1. Un/e industriel/elle
2. Un/e écologiste activiste
3. Un/e politicien/enne
4. Un/e indifférent/e
5. Un/e agriculteur/trice

Grâce à cet accord, nous pourrons limiter l'achat de terrains pour créer un parc naturel. Ainsi, nous contrôlerons la gestion et la conservation de sites protégés pour mieux préserver la diversité de la faune et de la flore locales.

Vous savez, malgré une opinion contraire, les bois s'étendent de plus en plus dans les Vosges ; certaines vallées sont même étouffées par l'excès de végétation. C'est pour cela qu'on demande des subventions qui nous permettraient d'entretenir l'écosystème local en soignant les chemins, les rivières...

Moi, franchement la protection de la nature... C'est vrai quoi ! Recycler ses ordures, ça devient de la folie. Et puis, il y a déjà des éboueurs pour ça ! Alors avoir des poubelles, noires, bleues, des conteneurs verts, gris,... pourquoi pas des corbeilles roses à pois verts ?

Comme nous sommes conscients que les émissions de gaz dans l'air ont un lien avec le réchauffement du climat, ici, nous avons déjà mis en place des processus qui permettent d'en rejeter le moins possible. Par contre, pour les réduire encore plus, nous aurions besoin d'encouragements publics.

La pêche industrielle fait disparaître de nombreuses ressources maritimes et, dans certaines mers, le désastre est imminent. C'est pourquoi, nous voulons que la communauté internationale prenne des mesures afin d'interdire totalement la pêche de certaines espèces.

B Y a-t-il des problèmes d'environnement dans votre pays ? Comment sont-ils résolus ?

Chez nous, il y a beaucoup de problèmes avec l'eau parce que...

3 | Parlons de politique

A Classez les mots suivants dans chaque catégorie.

parti gouvernement ministre gauche communisme droite député socialisme parlement président de la République extrême droite sénat libéralisme Assemblée nationale sénateur premier ministre

LES PRINCIPAUX PARTIS POLITIQUES EN FRANCE

Le PCF : le Parti communiste français
Le PS : le Parti socialiste français
L'UMP : l'Union pour le Mouvement Populaire
L'UDF : l'Union pour la Démocratie Française
Le MPF : Le Mouvement Pour la France
Le FN : Le Front National
Les Verts
Pour en savoir plus, visitez les sites www.vie-publique.fr ou www.viepolitique.fr

lexique

LES PRÉSIDENTS DE LA CINQUIÈME RÉPUBLIQUE
En 1958, une nouvelle constitution a été votée et la Cinquième République a débuté. Jusqu'en 2006, cinq personnalités se sont succédées au poste de président :
Charles de Gaulle (1958–1969)
Georges Pompidou (1969–1974)
Valéry Giscard d'Estaing (1974–1981)
François Mitterrand (1981–1995)
Jacques Chirac (1995–2007)

B François Bergerac est un homme politique imaginaire. Reconstituez sa carrière politique et complétez les espaces vierges avec les mots qui conviennent.

pouvoir   classe politique   idéologie   milité   député
nommé   candidat   ministre   carrière politique   élu

Après les élections législatives, quand le président de la République a ________ le premier ministre de son parti, il a obtenu le poste de ________ des Finances, ce qui l'a mis au devant de la scène politique. Grâce à sa bonne gestion du pays, il a gagné la confiance de la ________ et est devenu président de son parti. Il est aujourd'hui le ________ favori aux prochaines élections présidentielles.

François Bergerac a commencé sa ________ au « parti barbiste » où il a ________ depuis l'âge de 18 ans. Il s'est présenté aux élections municipales de sa petite ville en 1975 et a été ________ maire, à la grande surprise de ses adversaires. Il n'était alors âgé que de 31 ans.

Quand les luttes pour le ________ à l'intérieur de son parti ont éclaté, François Bergerac a suivi le groupe réfractaire pour créer le « parti moustachiste », d' ________ plus centriste. C'est dans cette nouvelle formation qu'il a poursuivi sa carrière en tant que ________ à l'Assemblée nationale, où il a joué un rôle décisif dans l'évolution de son parti.

C À votre tour, cherchez des informations sur un homme ou une femme politique de votre pays et présentez-le ou présentez-la.

4 | Réagir

A Deux amis parlent de politique. Complétez le dialogue avec les expressions suivantes.

Alors là, je crois que tu te trompes   Je reconnais que
Je ne partage pas ton avis   Je suis convaincu

- Tu as vu l'autre jour, à la télé, on parlait du nouveau contrat emploi pour les jeunes.
- Ah oui, j'en ai entendu parler. Encore une mesure qui ne va servir à rien !
- .... Je pense qu'il faut des mesures pour encourager au premier emploi. Tu ne peux pas dire que c'est inutile, il y a des gens qui embauchent des jeunes grâce à ce genre de mesures !
- Oui, peut être, mais .... qu'à long terme, on reviendra aux mêmes chiffres de chômage des jeunes.
- Désolé, mais .... Je pense que les entreprises seront plus motivées pour embaucher des jeunes sans expérience.
- .... ça pourra servir à certaines personnes. Mais ce qui se passera, c'est qu'ils les embaucheront et ensuite, quand les avantages seront terminés, ils les licencieront. Tu verras ce que je te dis, c'est toujours la même chose...

B Lisez ces opinions et dites ce que vous en pensez.

Le gouvernement devrait renforcer les lois contre le tabac et emprisonner les personnes qui fument dans les lieux publics.

Garçons et filles étudient mieux s'ils ne vont pas dans les mêmes classes.

La surpopulation est un problème mondial : personne ne devrait avoir plus de deux enfants.

De nos jours, les jeunes ne savent pas assumer leurs responsabilités. On devrait établir la majorité à 30 ans.

Les femmes gouvernent toujours mieux que les hommes.

On devrait interdire les animaux domestiques en ville.

• Et toi, tu crois qu'on devrait mettre en prison les gens qui fument dans les lieux publics ?
○ Absolument pas ! Je reconnais que...

5 | La justice

Remplissez cette grille de mots croisés avec des mots concernant la justice.

1. Endroit où on enferme les personnes coupables d'un délit.
2. Son rôle est de défendre l'accusé.
3. Dénoncer en justice une infraction dont on a été victime.
4. Ensemble des actions de justice déterminant si une personne est coupable ou innocente.
5. Raconter ce que l'on a vu au cours d'un accident ou d'un délit.
6. Sanction en argent.
7. Règle dictée par le parlement et définissant les droits et devoirs de chacun.
8. Juger une personne coupable.
9. Magistrat chargé de rendre la justice.
10. Juger qu'une personne n'est pas coupable.

lexique

LES EXPRESSIONS POUR RÉAGIR À UNE OPINION

- Être d'accord
  Tout à fait.
  Je suis absolument d'accord.
  Je partage ton/votre avis.
- Émettre des réserves
  Je reconnais que... mais...
  Je me demande si...
  Je ne suis pas sûr/e que...
- Ne pas être d'accord
  Alors là, je pense que tu te trompes.
  Je ne suis (pas du tout) d'accord.
  C'est faux.
- Exprimer son opinion
  Je suis contre/pour...
  Je suis convaincu/e, persuadé/e que...
  J'ai du mal à croire que...
  • **C'est** + ADJECTIF *(inadmissible, incroyable, scandaleux, important, utile, essentiel, nécessaire, dangereux, etc.)* + **que** + SUBJONCTIF
  C'est inadmissible qu*'on puisse faire une chose comme ça !*

LE PROCÈS

- Le verbe, la personne, l'action
  Accuser, l'accusé/e, l'accusation
  Défendre, le défenseur, la défense
  Juger, le juge, le jugement
  Témoigner, le témoin, le témoignage
  Condamner, le condamné, la condamnation

6 | Les indéfinis

A Lisez ces slogans publicitaires. De quels produits font-ils la publicité ?

1. Quelques grammes de douceur et tout va mieux.
2. Parce que chacun a son mot à dire.
3. Certains se déplacent en voiture, d'autres préfèrent utiliser un auditorium.
4. Aucune ne vous détendra autant.
5. La plupart des femmes aimeraient bien maigrir, certaines y parviennent.

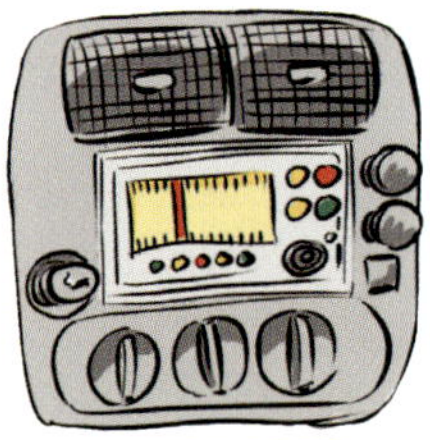

AUTORADIO GRÜNPUNKT

CHOCOLAT CARRÉ D'OR

B À votre tour, complétez ces messages publicitaires avec l'indéfini qui convient.

chaque   d'autres   chaque   tous   certains   toutes   aucun   toute

- Parce que _____, de l'éleveur au distributeur, nous essayons de vous livrer le meilleur produit. *Multiprix* _____ la qualité près de chez vous.
- À *Euroassurances*, nous voulons que _____ instant passé avec les vôtres soit un instant sans _____ souci.
- Retrouver _____ mois _____ les astuces pour acheter moins cher dans votre magazine du net.
- _____ attendent que l'orage passe, _____ vont le chercher. *Jeep Ridemountains*, elle vous emmènera loin.

7 | L'hypothèse irréelle

A Répondez aux questions avec le temps qui convient.

Qu'est-ce que vous changeriez…
- si vous aviez la possibilité d'aider les autres ?
- si vous étiez riche ?
- si vous jouiez un rôle politique important ?
- si vous faisiez partie d'une association influente ?
- si vous possédiez plusieurs entreprises ?
- si vous étiez une personnalité célèbre ?
- si vous ne deviez pas travailler ?
- si vous pouviez donner des conseils aux dirigeants de votre pays ?

B Vous voulez connaître les réactions de votre camarade dans les situations suivantes ? Posez des questions en utilisant les temps de l'hypothèse.

devenir un homme politique influent
gagner beaucoup d'argent
être un/e chanteur/euse célèbre
avoir du temps pour faire ce qu'on veut
pouvoir changer quelque chose de la société

Si tu devenais…

Si tu devenais un homme politique influent, qu'est-ce que tu ferais ?

8 | La cause

A Complétez les phrases. Attention ! Il peut y avoir plusieurs solutions.

grâce à parce que puisque comme car à cause de

De nombreux organismes internationaux sont aujourd'hui critiqués, ... beaucoup de gens pensent que les solutions qu'ils proposent sont erronées.
En effet, ... des impositions d'organismes tels que le FMI ou la Banque mondiale, certains pays se sont retrouvés dans des positions désastreuses, ... ils ont été obligés de rembourser trop rapidement leurs dettes et n'ont pas eu de ressources à destiner à leurs populations.
Pourtant, leur rôle est fondamental pour faire disparaître les litiges entre certains pays et surtout, ... eux, beaucoup de pays reçoivent de l'aide. Alors, ... on ne peut pas vraiment s'en passer, il faut les réformer, ..., d'une certaine façon, c'est la paix sur la planète qui en dépend.

B Complétez ces opinions.

Il faut arrêter la fabrication d'armes puisque *les pays sont toujours tentés de se faire la guerre.*
On devrait encourager le développement des ONG car ....
Il n'y a plus de famine dans certains pays grâce à ....
Beaucoup de pays ont des problèmes économiques à cause de ....
Certains peuples s'organisent en guérillas parce que ....
Comme .... beaucoup de jeunes Européens travaillent à l'étranger.

9 | La conséquence

A Associez les mesures prises aux phénomènes climatiques évoqués.

grâce à parce que puisque comme car en effet à cause de

1 Dans le sud de la France, les orages peuvent tout dévaster.
2 En hiver, les tempêtes de neige peuvent être terribles au Québec.
3 La sécheresse progresse au Mali.
4 Les incendies font disparaître progressivement la forêt méditerranéenne.
5 Les ouragans menacent fréquemment la Guadeloupe et la Martinique.
6 Il y a de plus en plus d'inondations au Viêtnam...

A C'est pourquoi on demande aux vacanciers de ne pas allumer de feux dans les bois.
B Donc, le gouvernement essaie de mieux canaliser les fleuves.
C Alors, les mairies ont interdit de construire des maisons là où des torrents peuvent apparaître.
D Ainsi, un plan d'irrigation des terres a été développé dans tout le pays.
E C'est pour cela qu'il existe dans ces deux îles un plan d'évacuation d'urgence.
F Par conséquent, les gens accumulent de la nourriture en hiver en cas d'isolement forcé.

LA CONSÉQUENCE
C'est pour cela que...
C'est pourquoi...
Ainsi...
Donc...
Alors...
Voilà pourquoi...

PARCS NATIONAUX FRANÇAIS
- **Les Cévennes** : parc du sud du Massif central. Il est composé de landes et de forêts de type méditerranéen.
- **Les Écrins** : parc du sud des Alpes. On y trouve, entre autres, des lynx d'Europe et des aigles royaux.
- **La Guadeloupe** : parc montagneux et maritime. Y vivent, entre autres, le racoon (type de raton-laveur) et la tortue marine.
- **Mercantour** : parc du centre des Alpes. On y trouve, entre autres, des loups et des aigles royaux.
- **Les Pyrénées** : parc du centre ouest des Pyrénées. On peut y trouver, entre autres, des ours.
- **Port-Cros** : parc maritime situé au sud de la Côte d'Azur composé des îles de Porquerolles, Port-Cross (inhabitée), du cap Lardier et de la presqu'île de Gien.
- **La Vanoise** : parc du nord des Alpes. On peut y trouver, entre autres, des chamois et des bouquetins.

B Imaginez les conséquences de ces problèmes en utilisant à chaque fois un connecteur différent.

c'est pour cela que | c'est pourquoi | ainsi | donc | alors | voilà pourquoi

Il a très peu plu au printemps.

Demain, il fera beau sur la côte.

Dans cette région, en hiver, il neige beaucoup.

Sur l'autoroute, hier soir, il y avait beaucoup de brouillard.

Les rivières du département sont de moins en moins polluées.

Ici, il y a souvent des gros orages à la fin de l'été.

Il a très peu plu au printemps. C'est pour cela que les champs sont secs.

10 | La restriction

Transformez ces phrases en utilisant la structure **ne... que**.

Les Françaises touchent seulement 16 300 € par an, contre 18 600 € pour les hommes.

Les Françaises ne touchent que 16 300 euros par an, alors que les hommes touchent 18 600 euros.

LA RESTRICTION
*Il **n'y a que** 800 millions d'Européens. (Il y a **seulement** 800 millions d'Européens).*

Il y a seulement 56,2% de garçons bacheliers, alors qu'il y a 68,2% de filles.

À l'Institut Universitaire de Technologie (IUT), les étudiants ont seulement 2 ans d'études, alors que les autres étudiants en ont minimum 3 ans.

Dans l'Union européenne, il y a seulement trois pays avec une superficie supérieure à 500 000 km².

Alors que les Français ont 5 semaines de vacances, les Américains peuvent en prendre seulement 2.

L'hypothèse irréelle

Pour émettre une hypothèse jugée irréelle, on utilise la structure : **si** + IMPARFAIT, CONDITIONNEL PRÉSENT

- Cette hypothèse peut faire référence au futur et, éventuellement, se réaliser :
  *S'ils nous **donnaient** leur réponse cette semaine, on **pourrait** faire les réservations de train et d'hôtel la semaine prochaine.*
- Cette hypothèse peut faire référence au présent et être donc irréalisable :
  Si je n'avais pas tant de travail, je partirais avec plaisir avec vous ce week-end. (Mais j'ai beaucoup de travail, et je ne pourrai pas partir).

Les indéfinis

ADJECTIF	PRONOM
aucun, aucune	**aucun, aucune**

Ils s'utilisent dans des phrases négatives.
*J'ai invité des amis à une fête chez moi. **Aucun** n'est venu. Et en plus, je n'ai reçu **aucune** excuse de leur part.*

quelques	**quelques-uns, quelques-unes**
plusieurs	**plusieurs**
certains, certaines	**certains, certaines**
d'autres	**d'autres**

Ils indiquent un petit nombre d'objets ou de personnes.
*Parmi les participants à cette manifestation, **quelques-uns** sont venus déguisés. **Plusieurs** faisaient la fête au milieu du défilé.*
*Quand j'ai fait ma présentation, **certains** m'ont dit qu'ils l'avaient trouvée très pertinente, **d'autres** ne m'ont fait aucun commentaire.*

la plupart de	**la plupart**
la majorité de	**la majorité**

Ils indiquent une partie importante d'un groupe de personnes ou d'objets. Avec ces expressions, il est possible d'accorder au singulier ou au pluriel.
***La plupart de** mes livres est en français.*
***La majorité** de mes amis sont étrangers.*

chaque	**chacun/chacune**

Ils indiquent l'ensemble d'un groupe de personnes ou d'objets, mais mettent l'accent sur l'aspect individuel.
*Quand on travaille au service des urgences, **chaque** moment compte pour sauver la vie d'une personne. **Chacun** sait ce qu'il doit faire.*

ADJECTIF	PRONOM
tout, toute **tous** (prononcé /tu/) **toutes**	**tout, toute** **tous** (prononcé /tus/) **toutes**
+ DÉTERMINANT	

Ils permettent de parler d'un groupe de personnes et d'objets dans sa globalité.
***Tout** le monde connaît ses engagements.*
*Il répète les mêmes slogans **toute** la journée.*
***Tous** ses amis pensent la même chose que lui et **toutes** les soirées qu'il organise tournent autour des mêmes thèmes.*
***Tout** est à changer dans ce monde.*
*Nous sommes **tous** dans la même galère.*

La cause

- PHRASE + **parce que** + PHRASE
  *Dans la presse, il y a beaucoup de publicité **parce que** c'est sa principale source de revenus.*
- **Comme** + PHRASE, PHRASE
  ***Comme** les Français ont souvent un ou plusieurs hobbies, il y a beaucoup de revues spécialisées en France.*
- Quand la cause est connue de l'interlocuteur :
  PHRASE + **puisque** + PHRASE
  *Les JT sont très utiles **puisqu**'ils permettent d'être au courant de l'actualité.*
  Puisque + PHRASE, PHRASE
  ***Puisque** les gens n'ont pas toujours le temps de lire un journal, les JT sont très utiles.*
- Quand la cause est probablement inconnue de l'interlocuteur :
  PHRASE, **car** + PHRASE
  *De nos jours, la presse écrite souffre, **car** elle est vivement concurrencée par Internet.*
- Quand la cause a un effet négatif :
  PHRASE + **à cause de** + NOM
  *La télévision généraliste perd des parts de marché **à cause des** canaux thématiques.*
  À cause de + NOM, PHRASE
  ***À cause des** canaux thématiques, la télévision généraliste perd des parts de marché.*
- Quand la cause a un effet positif :
  PHRASE + **grâce à** + NOM
  *On peut s'y retrouver facilement dans un journal **grâce aux** rubriques.*
  Grâce à + NOM, PHRASE
  ***Grâce aux** rubriques, on peut s'y retrouver facilement dans un journal.*

Texte oral 1 - Junior

A Dans cette émission de radio, des jeunes expliquent pourquoi ils vivent encore chez leurs parents. Quels sont les arguments qu'ils emploient ?

B Expliquez les phrases :

« Ils n'ont qu'à demander et je suis toujours là »

« des fois, elle n'a qu'une envie, c'est de revenir... »

C Trouvez les expressions avec lesquelles répondent les participants aux réflexions suivantes.

Sympa pour les parents, Kevin !	Ouais, bon
Pour toi alors rester, c'est donner, mais aussi recevoir ?	....
Trop chers les apparts ?	....
Mais elle a pu partir...	....
C'est quoi ce « Ni partir, ni rester » ?	....
Quand tu es à la maison, tu es à la maison !	....

E Dans votre pays, le prix des logements vous semble trop élevé ?

Texte oral 2- Senior

A Répondez aux questions :
- Quel est le sujet principal de ce reportage ?
- D'où a-t-il été envoyé ?
- Comment est l'ambiance ?
- Quelles sont les activités proposées par ce grand événement ?
- Quels sont les thèmes « chers » à cet événement ?
- De quoi accuse-t-on cet événement ?

B Vous avez entendu les noms suivants dans l'enregistrement. Pouvez-vous retrouver ce qui a été dit sur ces lieux et personnes ?

- ☐ La Suisse
- ☐ Le Mali / le Pakistan
- ☐ Porto Alegre
- ☐ Hugo Chávez

C Voici deux chiffres mentionnés dans l'enregistrement. Pouvez-vous dire à quoi ils correspondent ?

- ☐ 2 000
- ☐ 67 000

D Écrivez un petit résumé de ce reportage en utilisant les informations obtenues dans les sections précédentes (A, B et C) et en respectant l'ordre de la présentation.

E Connaissez-vous le Forum social mondial ? Cherchez des informations sur Internet. Êtes-vous d'accord avec les idées qu'il défend ? Parlez-en avec une/e camarade.

Texte écrit 1 - Junior

A Lisez une seule fois et en 2 minutes le texte suivant et essayez de retenir le maximum d'informations.

DES GUERRES TÉLÉVISÉES QUI PEUVENT BLESSER

Vous pouvez diminuer l'anxiété provoquée par les informations tragiques, comme les guerres, les actes de terrorisme et les catastrophes naturelles, à l'aide de ces quelques suggestions.

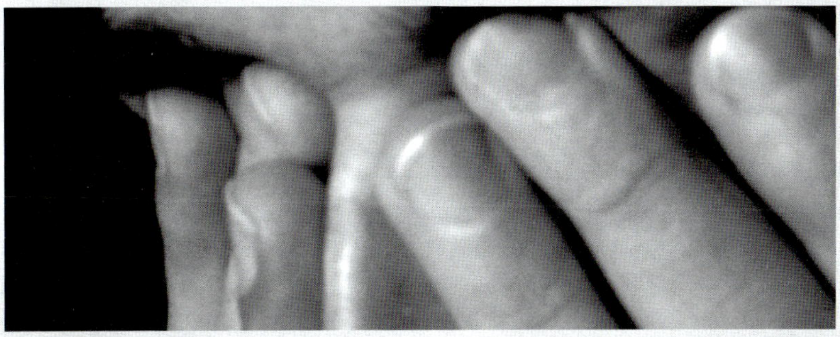

Limitez-vous

Certains d'entre vous sont plus sensibles à la violence et encore plus si vous avez de la famille ou des amis vivant dans les régions ou les pays concernés, ou encore si des membres de votre famille font partie des forces armées ou d'organisations d'aide.

En outre, certaines images sont particulièrement effrayantes ou dérangeantes. Ne laissez pas la télévision ou la radio constamment allumées en fond.

Interprétez

Quand l'actualité est sombre, il faut savoir se rappeler que ce n'est pas toujours une menace directe pour vous et vos familles ; les gouvernements et des organisations comme l'ONU et l'UNICEF s'appliquent à protéger d'autres jeunes.

Vous pouvez regarder les informations avec vos parents et discuter de la façon dont fonctionnent les médias. N'oubliez pas que leur désir d'obtenir un maximum d'audience peut influencer sur le contenu des reportages.

Diversifiez

Recherchez de l'information provenant de différentes sources, comme Internet, la radio, les journaux et les magazines. Mais attention : tous les sites Internet ne sont pas toujours crédibles. Comparez la couverture d'un même événement et discutez avec vos parents ou amis des différentes approches que vous distinguez.

Observez

La façon dont les médias parlent de certains conflits internationaux provoque parfois des sentiments de colère, qui peuvent aller jusqu'à la haine envers certains groupes de personnes. Rappelez-vous que la résolution pacifique des conflits est toujours préférable à la vengeance et à la violence.

En revanche, beaucoup de ces évènements peuvent aussi contribuer à nous faire prendre conscience de l'importance de nos proches et du caractère précieux de la vie.

Impliquez-vous

Aider les autres, dans votre communauté ou ailleurs, peut contribuer à apaiser vos sentiments de détresse et d'impuissance. Chacun peut choisir ses propres moyens d'action, comme travailler bénévolement pour une banque de nourriture, donner de l'argent à un organisme d'aide aux réfugiés, ou encore écrire une lettre exprimant vos inquiétudes au courrier des lecteurs de votre journal local.

B Résumez chacun des paragraphes. Vous pouvez utiliser les structures indiquées.
Il faut se limiter, car...
Il faut interpréter... Ainsi, ...
Il faut diversifier..., parce que...
Il faut savoir observer... En effet, ...
Il faut savoir s'impliquer... Grâce à...

C Le paragraphe « Limitez-vous » mentionne trois cas dans lesquels les jeunes sont plus affectés par la violences. Quelles sont les expressions utilisées pour indiquer que ce sont trois possibilités différentes ?

Texte écrit 2 – Senior

Black-blanc-beur, c'est pour aujourd'hui ou pour demain ?

Vous ne l'avez peut-être pas remarqué, mais nous sommes à l'ère du black-blanc-beur. En effet, les couleurs de la France ont changé et il semble qu'il soit difficile à certains de l'accepter. Pourtant, si on écoute les journaux télévisés ou les hommes politiques, on pourrait presque penser que l'engagement général de la société à promouvoir l'égalité des chances pour tous, qu'ils soient noirs ou blancs, est une réalité.

Réalité, dites-vous ? Environ 9 000 voitures brûlées en une vingtaine de jours lors des violences urbaines de novembre 2005 ; des centaines de jeunes diplômés, éduqués à la française, qui restent aux portes de l'emploi parce qu'ils ne sont pas blancs, parce qu'ils sont « issus de l'immigration ». Voilà la réalité.

Alors que faire face à cette situation ? C'est la question que pose Yasmina Benguigui dans son dernier documentaire « Le plafond de verre », qui sort cette semaine sur les écrans et dresse un portrait peu flatteur de la discrimination raciale à l'embauche, telle qu'elle est pratiquée en France.

Elle montre des familles qui semblent avoir été doublement punies : d'une part, les parents, qui ont fait le voyage vers la France, n'ont jamais connu l'emploi correspondant à leurs attentes. D'autre part, les enfants eux-mêmes, Français par leurs études et leur culture, qui se voient souvent exclus des emplois auxquels ils postulent pour des raisons, non déclarées bien sûr, de couleur de peau.

Soulignons tout de même que tous les jeunes issus de l'immigration ne sont pas dans cette situation, et que des mesures, certes timides, sont prises pour développer la discrimination positive. Pourtant, il s'est établi dans la société française un processus qui pourrait déboucher, pour une fraction des populations issues de l'immigration, vers une infériorisation durable, accompagnée d'un fort sentiment d'injustice dont on prend conscience avec retard.

Alors black, blanc, beur, ça sonne bien, ça fait slogan marketing, mais c'est loin d'une réalité bien française, celle d'un rejet, non seulement des immigrés, mais aussi de leurs enfants.

A Selon vous, quel est le but de l'auteur ? Il a écrit cet article...

- ☐ plutôt pour raconter et expliquer des faits.
- ☐ plutôt pour exprimer son point de vue.
- ☐ plutôt pour opposer différents points de vue.

Justifiez votre opinion avec des exemples.

B À votre avis, l'auteur de cet article est pour .... et contre ....

C Relevez dans l'article le vocabulaire qui concerne :

l'immigration	la discrimination

D Faites une liste des idées principales du texte et placez-les dans la structure ci-dessous :

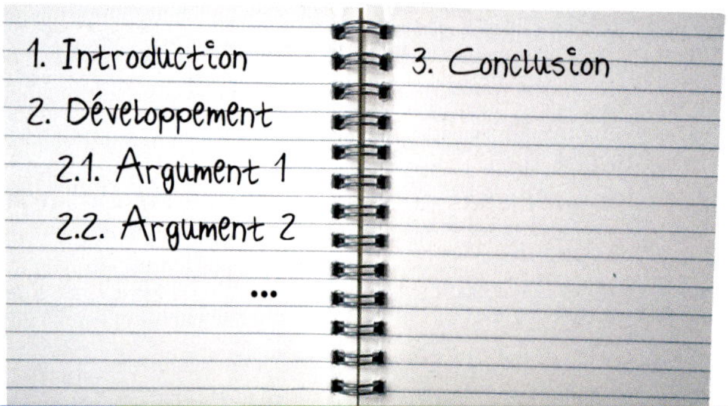

LES CLÉS DE LA COMPRÉHENSION DE L'ORAL (L'ÉVALUATION)

Nous vous proposons au fil des unités différents types de documents de compréhension de l'oral et des conseils pour aborder cette épreuve. Voyons maintenant comment les examinateurs évalueront cette épreuve.

Le diplôme du DELF est noté sur 100 points. Pour chaque épreuve, vous aurez une note totale sur 25 points. Attention ! Une note inférieure à 5 points sur 25 est éliminatoire.

Préparez-vous à l'ensemble des épreuves et ne laissez pas de côté une compétence sous prétexte que vous êtes meilleur/e dans une autre. Votre niveau doit être équilibré entre l'oral et l'écrit, entre la compréhension et la production.

Pour cette épreuve, les points attribués aux questions sont toujours notés à droite.
La répartition des points est la suivante :
- 13 points pour la première partie (documents 1 et 2).
- 12 points pour la deuxième partie (document 3).

La longueur des documents peut varier de 30 secondes à 3 minutes, mais la longueur totale ne dépassera pas 6 minutes.

- Lisez bien les questions avant l'écoute.
- Vous n'êtes pas obligé/e de tout comprendre pour répondre aux questions.
- Ne vous précipitez pas pour répondre aux questions. Vous avez deux écoutes, profitez-en !
- Les questions suivent en général l'ordre des informations fournies dans le document.
- C'est une épreuve de compréhension orale, pas de production. Le correcteur ne tiendra pas compte des erreurs d'orthographe. Essayez de soigner votre écriture. Il est toujours plus agréable pour l'examinateur de lire une copie bien écrite et sans ratures !

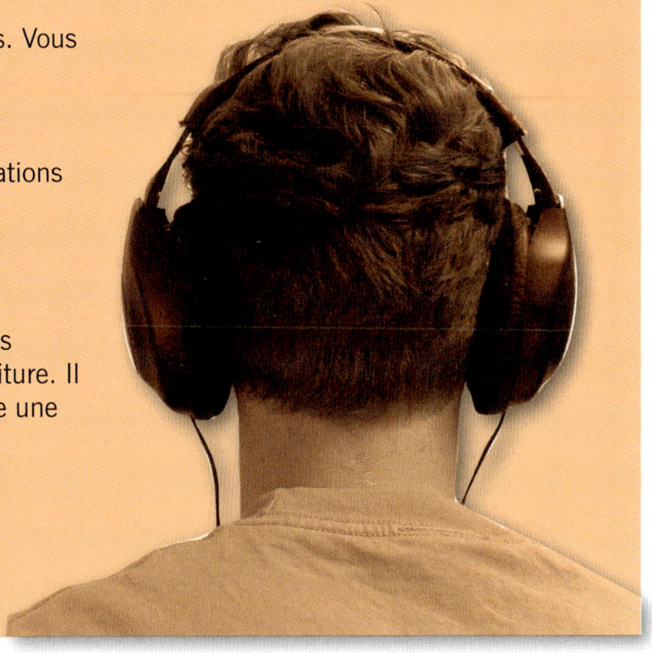

■ Consignes

Vous allez entendre trois documents sonores correspondant à des situations différentes.
Pour le premier et le deuxième, vous aurez :
- *30 secondes pour lire les questions ;*
- *une première écoute, puis 30 secondes de pause pour commencer à répondre aux questions ;*
- *une deuxième écoute, puis 1 minute de pause pour compléter vos réponses.*

Répondez aux questions en cochant (☒) la bonne réponse ou en écrivant l'information demandée.

■ Document 1

1. Combien de personnes ont répondu aux questions dans ce document ? *1 point*

☐ 2 ☐ 3 ☐ 4 ☐ 5 ☐ 6 ☐ 7 ☐ 8

2. Les personnalités citées par les jeunes sont... *4,5 points*

☐ un basketteur.
☐ un nageur.
☐ un acteur.
☐ une actrice.
☐ un chanteur.
☐ un groupe musical.

3. Quel est l'âge de Tony Parker ? *1,5 points*

....

■ Document 2

1. Le document entendu parle... *1,5 points*

☐ des risques que courent les journalistes dans les pays en guerre.
☐ de la liberté de la presse dans les pays en guerre.
☐ des actions menées par les associations pour la liberté de la presse.

2. Pendant combien de temps ce journaliste a-t-il été retenu en otage ? *1,5 points*

....

3. Le journaliste qui témoigne reproche aux rédactions d'envoyer les journalistes dans les pays en guerre pour faire de l'audience. *1,5 points*

☐ Vrai
☐ Faux
☐ On ne sait pas.

■ Document 3

Vous allez entendre un document sonore. Vous aurez tout d'abord 1 minute pour lire les questions, puis vous entendrez deux fois l'enregistrement avec une pause de 3 minutes entre les deux écoutes. Après la deuxième écoute, vous aurez encore 2 minutes pour compléter vos réponses.

Répondez aux questions en cochant (☒) la bonne réponse ou en écrivant l'information demandée.

1. Cette émission a lieu en direct tous les soirs. *1 point*

☐ Vrai ☐ Faux ☐ On ne sait pas.

2. Quel est le thème de l'émission ? *2 points*

....

3. Les auditeurs peuvent téléphoner pour donner leur avis. *1,5 points*

☐ Vrai ☐ Faux ☐ On ne sait pas.

4. Quels sont les points communs entre Farid et Jean-Baptiste ? *2 points*

☐ Ils ont le même âge.
☐ Ils font les mêmes études.
☐ Leurs parents sont étrangers.
☐ Ils ont la même origine.
☐ Ils viennent du même quartier.

5. Farid travaille. *1,5 points*

☐ Vrai ☐ Faux ☐ On ne sait pas.

6. Farid pense… *1 point*

☐ qu'à l'école, tous les étudiants sont égaux.
☐ qu'il a de la chance d'être en Terminale.
☐ qu'il a moins de chance de réussir le concours.

7. Jean-Baptiste va au lycée. *1,5 points*

☐ Vrai ☐ Faux ☐ On ne sait pas.

8. Que signifie ZEP ? *1,5 points*

☐ zone d'enseignement professionnel
☐ zone d'éducation prioritaire
☐ zone d'études priviligiées

9. Les profs encouragent-ils Jean-Baptiste dans son travail ? *1,5 points*

☐ Vrai ☐ Faux ☐ On ne sait pas.

LES CLÉS DE LA COMPRÉHENSION DES ÉCRITS (L'ÉVALUATION)

Dans cette épreuve, vous aurez 35 minutes pour réaliser deux exercices.
On vous demande de comprendre un premier document afin de dégager des informations utiles pour accomplir une tâche donnée. Cet exercice s'appelle **lire pour s'orienter**.
Dans le deuxième exercice, **lire pour s'informer**, vous devez analyser le contenu d'un document d'intérêt général. La longueur du texte peut varier entre 300 et 600 mots.

Cette épreuve sera notée sur 25 points, comme les autres compétences. Les points seront répartis entre les deux exercices :
- 10 points pour l'exercice 1.
- 15 points pour l'exercice 2.

À chaque question seront attribués 0,5, 1, 1,5 ou 2 points.

■ Exemple (Lire pour s'orienter)

C'est Noël. Vous cherchez des idées de cadeaux pour la famille. Votre père aime jardiner, votre mère adore faire des gâteaux, votre petit frère aime la science-fiction et votre grand-mère passe son temps à faire des mots croisés. Vous lisez dans un magazine des idées de cadeaux. D'après les idées proposées par le magazine, que décidez-vous d'acheter à chacun des membres de votre famille ?

Après avoir lu cet énoncé, posez-vous cette question : « Quelle tâche dois-je réaliser ? ».
Je dois trouver le cadeau qui correspond à chacun.

On vous fournit des petits textes dont vous devez extraire l'information demandée. Vous devez donc comprendre les documents et être capable d'en relever les informations utiles par rapport à la consigne.

Proposition 1

Le dernier *Dictionnaire des synonymes*. Vous êtes féru de Scrabble ou tout simplement amoureux de la langue française ? Ce cadeau est pour vous. De 7 à 77 ans, un objet à partager en famille !

Proposition 2

Entre dans le monde magique de *Fantasy !* Dans ce roman où se mêlent magie, combats et énigmes, tu pourras te promener dans des jardins imaginaires, visiter de magnifiques parcs. Mais attention, la route est jonchée d'obstacles !

Proposition 3

Ce manuel nous dit tout sur *Les secrets des horticulteurs*.
Idéal pour prendre soin de ses plantes.

Proposition 4

Que faire avec du lait, de la farine, des œufs et du sucre ? Vous trouverez dans cet ouvrage *101 recettes* amusantes pour découvrir le monde à travers les desserts... et régaler toute la famille !

Posez-vous cette question : « De quoi ces différents documents parlent-ils ? »
1 d'un dictionnaire 2 d'un roman 3 d'un livre de jardinage 4 d'un livre de cuisine.

Vous aurez toujours un tableau à remplir. On peut vous demander de :

1 Cocher (X) la bonne case. *Quel est le cadeau qui correspond le mieux à chacun ?*

	Propos. 1	Propos. 2	Propos. 3	Propos. 4
Père			X	
Mère				X
Frère		X		
Grand-mère	X			

2 Écrire une information et justifier votre choix.
Choisissez une proposition pour chaque personne de votre famille et justifiez votre choix.

Famille	Cadeau choisi
Père	Numéro de la proposition choisie : 3 Justification : horticulteur / plantes / nature
Mère	Numéro de la proposition choisie : 4 Justification : desserts / régaler
Frère	Numéro de la proposition choisie : 2 Justification : monde magique /magie, combats, énigmes/ imaginaire
Grand-mère	Numéro de la proposition choisie : 1 Justification : amoureux de la langue française

3 Reporter des indices. Il s'agit dans ce cas de recopier des mots ou des expressions prises dans les textes.
Notez dans le tableau le nom du cadeau que vous achèterez et relevez dans les textes des indices qui justifient votre choix.

Famille / Cadeaux	1 = dictionnaire	2 = roman	3 = livre jardinage	4 = recettes
Père			horticulteur / plantes / nature	
Mère				desserts / régaler
Frère		monde magique/magie, combats, énigmes/ imaginaire		
Grand-mère	amoureux de la langue française			

Finalement, vous devrez répondre à une question qui synthétise les informations fournies dans le tableau. Vous devez rédiger une réponse avec vos propres mots.
Quel est le point commun de tous ces cadeaux ? Ce sont tous des livres.

Lire pour s'informer
Lisez le texte et répondez aux questions en cochant la bonne réponse ou en écrivant l'information demandée.

Comme dans l'épreuve de compréhension orale, lisez les questions avant de lire le texte. Vous serez ainsi renseigné/e sur les réponses à chercher. Lisez le texte plusieurs fois. La première lecture doit servir à avoir une vue d'ensemble du document.

La campagne « Envie d'agir » du ministère de la Jeunesse, des Sports et de la Vie associative vous ouvre de nouveaux horizons pour sortir de votre quotidien.

Donner du sens à sa vie et s'ouvrir aux autres, c'est ce que le ministère propose aux jeunes de 12 à 28 ans. Grâce à un nouveau site Internet et à une publicité dans tous les établissements scolaires de France, les jeunes pourront connaître toutes les initiatives de leur région dans les domaines de la culture, l'environnement, la solidarité, les sports, etc. L'objectif du ministère est de donner une place aux jeunes dans la société. Il ne suffit pas de leur dire qu'ils sont la France de demain, il faut les encourager à entrer dans le monde des adultes, stimuler leurs initiatives, leur permettre de s'engager dans la vie sur des valeurs auxquelles ils croient.

Julie, 16 ans, raconte son expérience : « Je voulais tout quitter pour me consacrer à la musique. C'est alors que j'ai eu l'idée de créer une radio locale dans mon lycée. Je suis d'abord allée en parler à ma prof de musique, puis au proviseur. Ils ont été emballés. Depuis, ma vie a changé. La radio m'occupe six heures par semaine, je mixe les tubes que j'aime. Je présente aussi en direct une émission musicale sur les nouvelles tendances et les sorties d'albums. Maintenant, la radio passe en continu sur les ondes et tout le lycée s'y est mis : les profs, les élèves, même la comptable fait une émission de cuisine ! Les profs sont toujours là pour nous seconder quand on passe sur les ondes. Ce projet nous a permis de nous connaître, de nous rassembler, d'être unis dans une même action. »

Face au succès de ce projet, le ministère compte aller plus loin. Des projets de cette nature seront bientôt intégrés dans les cursus universitaires. Cette campagne est une chance pour les dix mille associations liées au monde universitaire.

Le site www.enviedagir.net propose une base de données de projets « clés en main » et une liste de partenaires qualifiés (associations, collectivités territoriales, entreprises..) pour aider les jeunes à réaliser leur projet.

Les questions peuvent être formulées de différentes façons :

1. Des **questions à choix multiples**. Vous devez cocher (X) la bonne proposition parmi trois ou quatre propositions.

Julie voulait abandonner l'école pour...

☐ créer une radio.
☒ faire de la musique.
☐ monter une association.

2. Des réponses **Vrai / Faux / On ne sait pas** avec ou sans justification à donner. Vous devez cocher et recopier le/s mot/s du texte qui justifie/nt votre réponse. Ce type de question peut également se présenter sous la forme d'un tableau.

Les associations sont contentes de ce projet.

☒ Vrai
☐ Faux
☐ On ne sait pas.

Justification : « les associations (...) s'en réjouissent »

3. Des **questions ouvertes**. La réponse fait appel à un passage du texte. Vous devez recopier le/s mot/s qui justifie/nt votre réponse.

Quel est l'objectif du ministère ?
Donner une place aux jeunes dans la société.

4. Des **questions de reformulation** du texte auxquelles vous devrez répondre en utilisant vos propres mots.

Qui s'occupe de la radio ?
Des profs, des élèves, la comptable

Organisez au mieux le temps imparti. Il est utile de garder quelques minutes à la fin pour relire l'ensemble de l'épreuve.

Observez la mise en page du document avant son contenu. Vous pourrez ainsi émettre des hypothèses de sens.

Lisez attentivement la consigne. Une bonne compréhension de la tâche demandée est essentielle à la réussite de l'épreuve.

Pour vous préparer à cette épreuve, il est nécessaire de s'entraîner à lire des documents longs. Internet est un excellent outil pour avoir accès à l'actualité.

L'orthographe ne sera pas sanctionnée, le correcteur n'évalue pas votre production, mais votre compréhension.

ENTRAÎNEMENT AU DELF B1 Partie 3 - PRODUCTION ÉCRITE

LES CLÉS DE LA PRODUCTION ÉCRITE (L'ÉVALUATION)

Dans cette épreuve, vous devez exprimer une attitude personnelle sur un thème général.
Vous aurez 45 minutes pour rédiger un texte de 180 mots environ, ce qui correspond à 15-20 lignes.

Les thèmes peuvent être variés. On peut vous demander de raconter un film, de décrire vos voyages, de donner votre opinion sur un fait de société, etc.

On peut vous demander d'écrire :
- une lettre ou un message amical
- un journal intime
- un journal de voyage
- un courrier d'opinion
- une histoire à partir d'images

Votre texte sera évalué sur 25 points.

Observez la grille d'évaluation.

- Soyez cohérent/e et organisez vos idées.
- Faites des phrases courtes.
- La grammaire compte, mais ce n'est pas le seul critère.
- On ne vous demande pas de tout savoir, ni d'écrire dans un français parfait. Certaines influences de la langue maternelle sont normales et tout à fait acceptables. La compétence grammaticale représente seulement 6 points de la note globale !
- Plus de la moitié des points est attribuée au contenu.
- N'oubliez pas de garder du temps à la fin de l'épreuve pour relire votre production. Il ne s'agit pas de survoler votre copie : vérifiez les accords, l'orthographe, la ponctuation, etc.

Compétences pragmatiques et sociolinguistiques	0	0,5	1	1,5	2	2,5	3	3,5	4
Respect de la consigne Peut mettre en adéquation sa production avec le sujet proposé. Respecte la consigne de longueur minimale indiquée.									
Capacité à présenter des faits Peut décrire des faits, des événements ou des expériences.									
Capacité à exprimer sa pensée Peut présenter ses idées, ses sentiments et/ou ses réactions et donner son opinion.									
Cohérence et cohésion Peut relier une série d'éléments courts, simples et distincts en un discours qui s'enchaîne.									

Compétence lexicale /orthographe lexicale	0	0,5	1	1,5	2	2,5	3	3,5	4
Étendue du vocabulaire Possède un vocabulaire suffisant pour s'exprimer sur des sujets courants, si nécessaire à l'aide de périphrases.									
Maîtrise du vocabulaire Montre une bonne maîtrise du vocabulaire élémentaire, mais commet encore des erreurs sérieuses pour exprimer une pensée plus complexe.									
Maîtrise de l'orthographe lexicale L'orthographe lexicale, la ponctuation et la mise en page sont le plus souvent assez justes pour être suivies facilement.									

Compétence grammaticale/orthographe grammaticale	0	0,5	1	1,5	2	2,5	3	3,5	4
Degré d'élaboration des phrases Maîtrise bien la structure de la phrase simple et les phrases complexes les plus courantes.									
Choix des temps et des modes Fait preuve d'un bon contrôle malgré de nettes influences de la langue maternelle.									
Morphosyntaxe/orthographe grammaticale Accord en genre et en nombre, pronoms, marques verbales, etc.									

LES CLÉS DE LA PRODUCTION ORALE (L'ÉVALUATION)

Le jour de l'examen vous aurez 3 épreuves à la suite d'une durée totale de 15 minutes environ. Pour le troisième exercice, vous aurez 10 minutes de préparation.

L'épreuve se déroule en 3 parties. Vous serez noté/e sur 25 points pour l'ensemble de l'examen oral.

Lisez attentivement cette grille. Vous remarquerez que la langue est notée sur 12 points pour l'ensemble des exercices. Chaque exercice est noté séparément pour son contenu. Ce que vous dites est aussi important que la façon dont vous le dites.

■ Entretien dirigé

C'est un dialogue entre l'examinateur et vous. Vous devez vous présenter, parler de vos centres d'intérêt, de votre travail, de vos projets...
L'examinateur vous posera une question pour amorcer la discussion.

L'examinateur cherchera à vous connaître et à vous mettre à l'aise pour favoriser l'échange.

L'entretien dure environ 3 minutes, sans temps de préparation.

■ Exercice en interaction

Vous tirerez au sort un petit papier décrivant une situation de la vie quotidienne. Vous devrez jouer cette scène avec l'examinateur.

Vous devrez réagir face à une situation sans y être préparé/e. Vous avez de 3 à 5 minutes pour jouer cette scène avec l'examinateur.

■ Expression d'un point de vue

Vous tirerez au sort un petit texte qui expose un fait, un événement, une opinion. Vous aurez 10 minutes pour préparer un monologue.

Vous devrez définir le sujet et présenter votre opinion sur le thème évoqué.

Le monologue dure 3 minutes environ et il est suivi d'une petite discussion avec l'examinateur.

- N'ayez pas peur de parler.
- Si vous ne comprenez pas une question, demandez à l'examinateur de la répéter.
- L'examinateur peut ne pas être d'accord avec vos idées, mais vous ne serez pas sanctionné/e pour vos opinions ! Vous serez évalué/e sur votre capacité à présenter vos idées et sur la cohérence de votre discours.
- Si vous avez répondu clairement à la question dans les temps impartis, votre production sera valorisée.

■ Entretien dirigé

Compétences pragmatiques et sociolinguistiques	0	0,5	1	1,5	2	2,5	3	3,5	4	4,5	5
Peut parler de lui/d'elle avec une certaine assurance en donnant des informations et des explications relatives à ses centres d'intérêt, projets et actions.											
Peut aborder sans préparation un échange sur un sujet familier avec une certaine assurance.											

■ Exercice en interaction

Compétences pragmatiques et sociolinguistiques	0	0,5	1	1,5	2	2,5	3	3,5	4	4,5	5
Peut faire face sans préparation à des situations un peu inhabituelles de la vie courante (respect de la situation et des codes sociolinguistiques).											
Peut adapter les actes de parole à la situation.											
Peut répondre aux sollicitations de l'interlocuteur (vérifier et confirmer des informations, commenter le point de vue d'autrui, etc.).											

■ Expression d'un point de vue

Compétences pragmatiques et sociolinguistiques	0	0,5	1	1,5	2	2,5	3	3,5	4	4,5	5
Peut présenter d'une manière simple et directe le sujet à développer.											
Peut présenter et expliquer avec assez de précision les points principaux d'une réflexion personnelle.											
Peut relier une série d'éléments en un discours assez clair pour être suivi sans difficulté la plupart du temps.											

Pour l'ensemble des 3 parties de l'épreuve.

Compétences linguistiques	0	0,5	1	1,5	2	2,5	3	3,5	4	4,5	5
Lexique (étendue et maîtrise) Possède un vocabulaire suffisant pour s'exprimer sur des sujets courants, si nécessaire à l'aide de périphrases ; des erreurs sérieuses se produisent encore quand il s'agit d'exprimer une pensée plus complexe.											
Morphosyntaxe Maîtrise bien la structure de la phrase simple et des phrases complexes les plus courantes. Fait preuve d'un bon contrôle malgré de nettes influences de la langue maternelle.											
Maîtrise du système phonologique Peut s'exprimer sans aide malgré quelques problèmes de formulation et des pauses occasionnelles. La prononciation est claire et intelligible malgré des erreurs ponctuelles.											

■ Entretien dirigé

Vous devrez vous présenter, parler de vos centres d'intérêt, de votre travail, de vos projets, etc. L'examinateur vous posera une question pour amorcer la discussion du type : « *Pouvez-vous vous présenter, me parler de vous, de votre famille ?* ». L'examinateur cherche à vous connaître et à vous mettre à l'aise pour favoriser l'échange.

L' entretien durera environ 3 minutes, sans temps de préparation.

■ Expression d'un point de vue

Tirez au sort l'un des deux documents que vous présente l'examinateur.
Vous devez trouver le thème du document et présenter votre opinion sous la forme d'un exposé personnel de 3 minutes environ.

L'examinateur pourra vous poser quelques questions.

Modèle de sujet

Le ministère du Tourisme a déposé un projet de loi pour réglementer l'accès aux plages. Afin de limiter les dégâts liés à la surpopulation estivale, les plages seront désormais accessibles selon des créneaux horaires très précis, fixés en fonction de l'âge des usagers. Le matin sera réservé aux familles et l'après-midi, seuls les 15 – 35 ans pourront accéder au littoral. Cette mesure permettra de limiter la pollution des côtes et également de lutter contre les agressions du soleil. Les responsables de la santé sont favorables à ce projet.

Examens

Partie 1
COMPRÉHENSION DE L'ORAL
25 points

■ Consignes

Vous allez entendre trois documents sonores correspondant à des situations différentes.
Pour le premier et le deuxième, vous aurez :
- *30 secondes pour lire les questions ;*
- *une première écoute, puis 30 secondes de pause pour commencer à répondre aux questions ;*
- *une deuxième écoute, puis 1 minute de pause pour compléter vos réponses.*

Répondez aux questions en cochant (☒) la bonne réponse ou en écrivant l'information demandée.

■ Document 1 — *6 points*

1. Il s'agit d'une conversation entre... *1 point*

- ☐ deux étudiants.
- ☐ deux collègues de bureau.
- ☐ On ne sait pas.

2. Ils parlent de... *1 point*

- ☐ ce que Jean-Do va faire le week-end prochain.
- ☐ ce que Jean-Do a fait le week-end dernier.

3. Le spectacle présente... *1 point*

- ☐ des animaux en cage.
- ☐ des numéros d'acrobatie et de lions en cage.
- ☐ des numéros d'acrobatie et de musique.

4. Dans ce document, le cirque dont on parle est... *1 point*

- ☐ d'origine celte.
- ☐ d'origine arabe.
- ☐ d'origine tzigane.

5. Le cirque en question est... *1 point*

- ☐ un des plus grands cirques d'Europe.
- ☐ un des plus grands cirques du monde.
- ☐ un cirque familial.

6. Pour Hervé, le prix d'entrée est... *1 point*

- ☐ le même que pour tout le monde.
- ☐ celui du tarif étudiant.
- ☐ On ne sait pas.

■ Document 2 *6 points*

1. Ce document est... *2 points*

- ☐ la biographie d'une star de la chanson.
- ☐ un reportage sur une jeune chanteuse.
- ☐ les conditions de participation à un concours de chanson.

2. Quand le concours a commencé... *2 points*

- ☐ personne ne pensait que Magali gagnerait.
- ☐ tout le monde a immédiatement vu en Magali une future star de la chanson.
- ☐ les organisateurs ont voulu empêcher la candidature de Magali.

3. Magali a gagné le concours avec... *1 point*

- ☐ 87% des voix et un prix d'un million d'euros.
- ☐ 57% des voix et un prix d'un million d'euros.
- ☐ 87% des voix et un prix de dix millions d'euros.

4. Magali aurait gagné grâce... *1 point*

- ☐ à son talent exceptionnel.
- ☐ à un public d'adolescentes qui se sont reconnues en elle.
- ☐ à son corps qui répond aux critères de la télévision d'aujourd'hui.

■ Document 3 *13 points*

Vous allez entendre un document sonore. Vous aurez tout d'abord 1 minute pour lire les questions, puis vous entendrez deux fois l'enregistrement avec une pause de 3 minutes entre les deux écoutes. Après la deuxième écoute, vous aurez encore 2 minutes pour compléter vos réponses.
Répondez aux questions, en cochant (☒) la bonne réponse ou en écrivant l'information demandée.

1. Ce document est... *1 point*

- ☐ une publicité.
- ☐ un reportage.
- ☐ un communiqué officiel.

2. Citez deux expressions du document sonore qui signifient « ne pas aller à l'école » ou « ne pas assister aux cours ». *2 points*

....

....

3. Ce type de service a d'abord été destiné à... *2 points*

....

....

4. Les parents peuvent suivre leur enfant... *2 points*

☐ sur Internet.
☐ par SMS.
☐ par courriel.

5. Les enfants portent le GPS... *2 points*

☐ dans un bracelet.
☐ dans leur cartable.
☐ dans une chaussure.

6. Combien pèse le GPS ? *1 point*

....

7. Pour ce service, les parents doivent payer mensuellement... *2 points*

☐ un droit d'accès de 50,00€.
☐ une somme de 3,77€.
☐ Le prix varie en fonction de l'âge de l'enfant.

8. Le système sera prochainement à la disposition des parents en France. *1 point*

☐ Vrai
☐ Faux
☐ On ne sait pas.

Partie 2
COMPRÉHENSION DES ÉCRITS
25 points

■ Exercice 1

10 points

Vos amis vous ont désigné/e pour réserver le dîner annuel que vous faites tous ensemble. Vous serez un groupe de 15 adultes et 2 enfants en bas âge. Il y a trois végétariens dans le groupe. Il y a une préférence pour les restaurants avec de la musique en direct. Le prix par personne ne doit pas excéder les 25,00€ tout compris.

Restaurant 1
Ce petit restaurant est idéal pour vos déjeuners d'affaires ou vos repas de groupe. Dans la plus grande tradition de la cuisine française, le chef vous propose ses délicieuses préparations de poisson ou de viande accompagnées de petits légumes. La musique d'ambiance rappelle les bals musettes avec leur accordéon. Menu spécial pour végétariens sur réservation. Menu enfant le midi.
Tarif menu : 27,00€ / Tarif groupe : 22,50€ (à partir de 15 personnes)

Restaurant 2
Cuisine et ambiance font bon ménage dans ce restaurant antillais où vous pourrez savourer tous les délices des Caraïbes. Ce restaurant martiniquais propose des menus pour tous les goûts (poisson, viande, végétarien) à partir de 27,00€ (23,00€ pour les groupes à partir de 12 personnes ; 10,00€ le menu enfant). Vous pourrez écouter et même danser sur les airs créoles qu'interprète le groupe Compère Zamba.

Restaurant 3
En provenance de Buenos Aires, vous allez pouvoir apprécier l'excellent bœuf argentin. Ce restaurant dispose de deux salles spéciales pour groupes (20 et 40 personnes). Ses menus oscillent entre 30 et 45€ (prix spécial groupe : 20,00€ à partir de 20 personnes) et, pour les enfants, un excellent menu steak-frites pur bœuf de la Pampa.

1. Pour chacune des propositions, mettez une croix à chaque fois qu'elle correspond à vos critères. 10 croix maximum.

	Proposition 1	Proposition 2	Proposition 3
Menu groupe			
Menu végétarien			
Menu enfant			
Musique en direct			
Prix $\leq$ 25,00 €			

2. Quelle est la proposition la plus appropriée à vos critères ?

Proposition ....

■ **Exercice 2** *15 points*

Lisez le texte ci-dessous, puis répondez aux questions en cochant la bonne réponse ou en écrivant l'information démandée.

UN LIVRE BLANC CONTRE L'HEURE ESPAGNOLE

Dormir peu, prendre un second petit déjeuner en milieu de matinée, déjeuner longuement après 14 heures, rentrer chez soi à pas d'heure et se coucher lorsque d'autres se lèvent : ces caractéristiques de la journée espagnole pourraient bientôt appartenir au passé. C'est ce que préconise un livre blanc pour la rationalisation des horaires espagnols et leur alignement sur ceux des autres pays de l'Union européenne, remis au gouvernement le 21 décembre. (...)

Selon les auteurs de ce rapport, le mode de vie propre aux Espagnols serait à la fois l'une des causes de la faible productivité du travail, véritable point faible de l'économie, et l'une des raisons du grand nombre d'accidents du travail (...) et de la circulation. De plus, il rendrait encore plus difficile qu'ailleurs la conciliation du travail et de la vie de famille. (...).

Le ministre des administrations publiques (...) a déjà annoncé qu'à partir du 1er janvier 2006 les fonctionnaires exerçant des tâches administratives devront, de manière générale, quitter leur bureau au plus tard à 18 heures, au lieu de 19 heures aujourd'hui, et qu'ils auront une plus grande flexibilité pour organiser leur journée. Le ministre espère inciter le secteur privé à en faire autant. (...)

C'est également l'avis de l'auteur du rapport. (...) Le Livre blanc propose de substituer à la notion de temps passé au travail celle d'objectif de travail et souhaite inciter les entreprises à pratiquer une politique « d'extinction des feux » à 18 heures. (...)

Les enquêtes mettent en évidence les particularités du rythme espagnol. Moins de 22 % des Espagnols déjeunent avant 14 heures, la moitié entre 14 et 15 heures et 20 % entre 15 et 16 heures. Le repas se prolonge souvent au-delà d'une heure. (...) Les commerces ferment en général entre 13h30 ou 14 heures et 16h30 ou 17 heures. La journée de travail s'achève bien souvent après 20 heures.

La suite est décalée d'autant. Les journaux télévisés sont diffusés à 21 heures et, à la télévision, le prime time dure jusqu'à minuit. Moins de 18 % des Espagnols dînent avant 21 heures, les jours ouvrables, et un tiers après 22 heures. Conséquence : les nuits sont courtes, et les Espagnols dorment en moyenne quarante minutes de moins que les autres Européens.

Une telle endurance s'acquiert dès l'enfance. Il est courant, et pas seulement à la saison torride, de voir des tout-petits encore éveillés sur des places, dans des cafés ou des restaurants à minuit passé. Les enseignants se plaignent d'avoir affaire à des enfants somnolents et épuisés.

Le Livre blanc préconise d'aligner la journée de travail espagnole sur celle des voisins européens : un déjeuner plus court (une heure) et plus tôt (entre 12 heures et 13 heures), une fin de journée aux alentours de 18 heures, et surtout la possibilité, pour les salariés, d'aménager leurs horaires autour de ces grands axes.

Cécile Chambraud, *Le Monde*
Article paru dans l'édition du 28.12.05

1. Quel est l'objectif du Livre blanc remis au gouvernement espagnol le 21 décembre 2005 ?

....

....

2. Citez 3 effets négatifs du phénomène qui justifient un changement dans les habitudes espagnoles.

....

....

....

3. Le ministère des Administrations publiques va obliger les entreprises privées à arrêter leurs activités à 18 heures.

- ☐ Vrai
- ☐ Faux
- ☐ On ne sait pas.

4. En Espagne, le déjeuner dure en général...

- ☐ moins d'une heure.
- ☐ une heure.
- ☐ plus d'une heure.

5. Les enseignants ne pensent pas que ces horaires aient des conséquences négatives sur les enfants.

- ☐ Vrai
- ☐ Faux
- ☐ On ne sait pas.

6. Citez trois mesures à prendre selon le Livre blanc.

....

....

....

Partie 3
PRODUCTION ÉCRITE
25 points

■ Article

Après avoir lu l'article « Un livre blanc contre l'heure espagnole », écrivez un texte dans lequel vous parlerez des habitudes horaires de votre pays (ou personnelles) et les comparerez à celles décrites dans l'article.

Écrivez un texte construit et cohérent sur ce sujet (160 à 180 mots).

Vous disposerez d'une feuille entière pour réaliser l'épreuve de production écrite le jour de l'examen.

Partie 4
PRODUCTION ORALE
25 points

■ Consignes

L'épreuve se déroule en trois parties qui s'enchaînent.
Elle dure de 10 à 15 minutes.
Pour la 3ème partie seulement, vous disposez de 10 minutes de préparation. Cette préparation a lieu avant le déroulement de l'ensemble de l'épreuve.

■ Entretien dirigé

Vous devez parler de vous, de vos activités, de vos centres d'intérêts, ainsi que de votre passé, de votre présent et de vos projets.

L'épreuve se déroule sur le mode d'un entretien avec l'examinateur qui amorcera le dialogue par une question (exemple : « *Bonjour... Pouvez-vous vous présenter, me parler de vous, de votre famille ?* »).

■ Exercice en interaction

Au choix par tirage au sort :

Sujet 1
Vous avez acheté un parfum à votre neveu pour son anniversaire. Le vendeur vous l'a vendu déjà sous paquet-cadeau, mais il vous a assuré que c'était le bon parfum. Quand votre neveu ouvre le paquet, surprise ! C'est un parfum pour femmes. Vous vous rendez dans la parfumerie et protestez auprès du vendeur. L'examinateur joue le rôle du vendeur.

Sujet 2
Vous êtes sur la route et, à un contrôle de police, l'agent vous demande vos papiers et ceux du véhicule. Vous ne les avez pas ! Essayez de vous justifier auprès de l'agent pour éviter la sanction. L'examinateur joue le rôle de l'agent de police.

■ Expression d'un point de vue à partir d'un document

Tirez au sort l'un des deux documents que vous présente l'examinateur.
Vous devez trouver le thème du document et présenter votre opinion sous la forme d'un exposé personnel de 3 minutes environ.
L' examinateur pourra vous poser quelques questions.

Au choix par tirage au sort :

Document 1

Recycler pour l'avenir
Vous vous souvenez peut-être des premières campagnes gouvernementales qui demandaient de ne pas jeter les ordures dans la nature mais d'utiliser les poubelles. Depuis, plus personne ne doute de la nécessité de protéger les espaces naturels ; ce qui n'est pas encore entré dans les mœurs, c'est le recyclage. Il serait peut-être temps que les gouvernements envisagent de sanctionner les personnes qui ne recyclent pas les produits qu'elles utilisent. Les municipalités devraient-elles organiser un contrôle plus strict des déchetteries afin d'être sûres que tout le monde s'y rend ? Si rien n'est fait pour inciter les citoyens à recycler, nous nous rendrons coupables de la mort de la planète.

Document 2

Après l'Irlande et l'Italie, l'Espagne met en place une loi anti-tabac parmi les plus sévères d'Europe
À défaut de voir l'Europe s'entendre sur les mesures à prendre contre le tabagisme, l'Espagne a à son tour rejoint l'Irlande et l'Italie pour interdire la cigarette dans les entreprises et dans les lieux publics, comme les bars et restaurants. Finis les nuages de fumée insupportables ! C'est dans la rue que les fumeurs devront aller s'ils veulent continuer à s'adonner à leur vice. On se demande ce que font les autres pays de l'Union européenne.

■

Partie 1
COMPRÉHENSION DE L'ORAL
25 points

■

■ Consignes

Vous allez entendre trois documents sonores correspondant à des situations différentes.
Pour le premier et le deuxième, vous aurez :
- *30 secondes pour lire les questions ;*
- *une première écoute, puis 30 secondes de pause pour commencer à répondre aux questions ;*
- *une deuxième écoute, puis 1 minute de pause pour compléter vos réponses.*

Répondez aux questions en cochant (☒) la bonne réponse ou en écrivant l'information demandée.

■ Document 1 *6 points*

1. Ce document est... *1 point*

☐ une publicité pour une école de langues.
☐ une chronique sur la disparition des langues.
☐ l'interview d'un linguiste.

2. Le nombre de langues parlées actuellement dans le monde est... *1 point*

☐ d'environ 6 000.
☐ d'environ 3 000.
☐ d'environ 100.

3. Qu'est-ce qu'entraîne la globalisation ? *1 point*

....

4. Selon les experts, une langue est menacée si... *1 point*

☐ les enfants ne l'étudient pas à l'école.
☐ son vocabulaire contient beaucoup d'anglicismes.
☐ si ses locuteurs n'augmentent pas au cours du XXIe S.

5. Les langues parlées en France échappent à cette menace de disparition. *1 point*

☐ Vrai
☐ Faux
☐ On ne sait pas.

6. Les experts pensent que... *1 point*

☐ le multilinguisme est positif, mais seulement à partir de l'âge adulte.
☐ le multilinguisme est un danger parce que les enfants mélangent les langues.
☐ le multilinguisme est la meilleure façon d'éviter la disparition des langues, surtout si les enfants les apprennent très jeunes.

■ Document 2 *6 points*

1. À qui Kévin téléphone-t-il ? *1 point*

- ☐ À sa mère.
- ☐ À sa grand-mère.
- ☐ On ne sait pas.

2. Quel est le motif de l'appel de Kévin ? *1 point*

- ☐ Il doit retrouver des amis.
- ☐ Il veut rendre visite à la personne qu'il appelle.
- ☐ Il veut lui demander un service.

3. À quelle heure Kévin veut-il passer ? *1 point*

- ☐ À 12 heures.
- ☐ À 14 heures.
- ☐ À 15 heures.

4. Pourquoi ce n'est pas possible ? *1 point*

- ☐ Parce qu'à cette heure-là, il n'y aura personne.
- ☐ Parce que c'est l'heure d'une émission de télé.
- ☐ On ne sait pas.

5. Finalement, à quelle heure passera-t-il ? *1 point*

....

6. L'interlocutrice de Kévin veut aussi aller dans le centre-ville parce qu'... *1 point*

- ☐ elle doit aller à la banque.
- ☐ elle doit aller faire des courses.
- ☐ elle doit aller à la Poste.

■ Document 3 *13 points*

Vous allez entendre un document sonore. Vous aurez tout d'abord 1 minute pour lire les questions, puis vous entendrez deux fois l'enregistrement avec une pause de 3 minutes entre les deux écoutes. Après la deuxième écoute, vous aurez encore 2 minutes pour compléter vos réponses.
Répondez aux questions, en cochant (☒) la bonne réponse ou en écrivant l'information demandée.

1. La personne interviewée est... *1,5 points*

- ☐ une spécialiste de Sherlock Holmes.
- ☐ une spécialiste d'Arsène Lupin.
- ☐ une spécialiste de la littérature policière.

2. À quelle occasion cette interview a-t-elle lieu ? *1,5 points*

- ☐ C'est le centenaire de la mort de Jules Verne.
- ☐ C'est le centenaire de la mort de Maurice Leblanc.
- ☐ C'est le centenaire d'Arsène Lupin.

3. En quelle année est né Arsène Lupin ? *2 points*

....

4. C'est le directeur de la revue « Le petit reporter » qui a demandé à Maurice Leblanc d'écrire une histoire policière inspirée de Sherlock Holmes. *1 point*

- ☐ Vrai
- ☐ Faux
- ☐ On ne sait pas.

5. À quel personnage Arsène Lupin est-il comparé ? *1 point*

- ☐ Zorro.
- ☐ Robin des Bois.
- ☐ D'Artagnan.

6. Selon Mme Lemercier, quelle est la principale différence entre Arsène Lupin et Sherlock Holmes ? *1 point*

- ☐ Holmes fume la pipe alors qu'Arsène Lupin préfère le cigare.
- ☐ Holmes travaille avec le docteur Watson alors que Lupin est toujours seul.
- ☐ Holmes travaille pour la police alors qu'Arsène la fuit.

7. Citez deux adjectifs du document qui qualifient Arsène Lupin. *2 points*

....

8. Arsène Lupin est le personnage de... *2 points*

.... romans, 37 .... et .... pièces de théâtre.

9 Il est aussi le personnage de 32 films français et étrangers. *1 point*

- ☐ Vrai
- ☐ Faux
- ☐ On ne sait pas.

Partie 2
COMPRÉHENSION DES ÉCRITS
25 points

■ Exercice 1

10 points

L'été prochain, c'est décidé : vous allez vous inscrire dans une école de français en France ou ailleurs afin d'améliorer définitivement votre niveau de langue. Vous ne pouvez pas partir avant le 15 juillet et vous souhaitez suivre trois semaines de cours, mais pas les après-midi, car vous voulez les réserver pour vous promener, faire des visites touristiques, etc. Vous souhaitez être hébergé/e en famille. Votre budget est de 2 000€ (cours + hébergement). Après avoir consulté plusieurs sites Internet, vous avez retenu trois possibilités.

Favoris
Historique
Recherche
Album
Garde-pages

Proposition 1

L'**École Arc de Triomphe** vous offre la possibilité d'apprendre le français ou d'approfondir le maniement de la langue de Molière grâce à des cours intensifs de deux semaines (50 heures) qui combinent classe le matin et sortie organisée l'après-midi.

Le calendrier des cours d'été :

Groupe A : semaine du 03/07 au 13/07 (en raison du 14 juillet, les cours s'arrêteront le jeudi 13 juillet).

Groupe B : semaine du 17/07 au 28/07. Possibilité de prolonger d'une semaine.

Tarif des cours : 700,00€ (sans sortie) ; 1 000,00€ (avec sortie). Supplément 1 semaine : 350,00€

Logement en chambre d'étudiant (pension complète) : 500,00€ les 2 semaines, 250,00€ la semaine supplémentaire

Logement chez l'habitant : 800,00€ les 2 semaines, 400,00€ la semaine supplémentaire

Pour plus de renseignements : ecolearctriomphe@eat.fr

Proposition 2

France Atout est un établissement spécialisé en français langue étrangère qui propose des cours de français à la carte. Vous pouvez choisir le rythme qui vous convient le mieux (1 semaine, 2 semaines, etc.) du 03/07 au 01/09. Les cours sont de 30 heures hebdomadaires (3h le matin, 3h l'après-midi).

Tous nos étudiants sont logés chez l'habitant.

Tarif A : 1 050,00€ (1 semaine de lundi à vendredi, 4 nuits)

Tarif B : 2 000,00€ (2 semaines, 14 nuits)

Tarif C : 2 650,00€ (3 semaines, 21 nuits)

Tarif D : 3 000,00€ (4 semaines, 28 nuits)

Si voulez en savoir plus sur nos cours ou nos tarifs : francatout@francatout.fr

Proposition 3

Le **Centre d'Études Françaises** organise des cours d'été ouverts à toute personne ayant des connaissances de français. Ces cours seront de 60 heures réparties en trois semaines de 20 heures (4 heures par jour du lundi au vendredi de 9 heures à 13 heures). Les après-midi sont libres.

Groupe 1 : du 26/06 au 13/07*
Groupe 2 : du 17/07 au 04/08
Groupe 3 : du 07/08 au 25/08*

*le 14/07 : établissement fermé. Les heures de cours seront exceptionnellement réparties sur le reste de la semaine.

*le 15/08 : établissement fermé. Les heures de cours seront exceptionnellement réparties sur le reste de la semaine.

Tarif des cours : 900,00€ Logement chez l'habitant : 800,00€

Inscriptions, demande d'informations : www.cef.fr

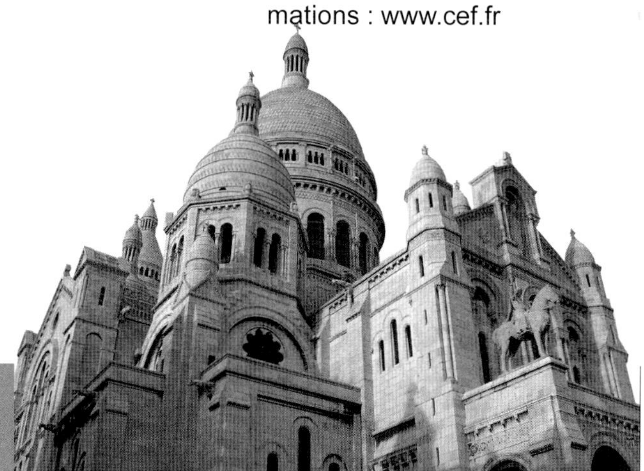

Local machine zone

1. Pour chacune des propositions, mettez une croix à chaque fois qu'elle correspond à vos critères.

	Prop. 1	Prop. 2	Prop. 3
3 semaines de cours			
Cours après le 15/07			
Pas de cours l'après-midi			
Possibilité de logement en famille			
Budget			

2. Quelle est la proposition la plus appropriée à vos critères ?

....

■ Exercice 2

15 points

Lisez le texte ci-dessous, puis répondez aux questions en cochant la bonne réponse ou en écrivant l'information demandée

L'Europe lance Galiléo

Galiléo, un nouveau programme européen pour améliorer les déplacements aériens, routiers et maritimes.

Depuis quelques années déjà, nous sommes des millions à utiliser un système qui permet de se situer très précisément sur la carte : c'est le Global Positionning System (GPS). Inventé par les Américains, il est aujourd'hui utilisé non seulement par les professionnels, mais aussi, et de plus en plus, par les particuliers. Ce système est très pratique. En effet, grâce à sa précision, les automobilistes peuvent choisir le trajet le plus court ou le moins encombré à l'aide d'un petit appareil situé sur le tableau de bord de leur véhicule et qui fonctionne comme un mini-ordinateur. Ce système de guidage fonctionne parce que les États-Unis ont placé en orbite une série de satellites qui fournissent ces informations en temps réel. Tout le monde peut comprendre qu'un tel système offre d'importants intérêts économiques et –il ne faut pas l'oublier– militaires, car il est ainsi possible d'espionner les mouvements des armées ennemies.

Si ce projet obtient le succès espéré, Galiléo sera la preuve que les pays européens peuvent relever des défis scientifiques et technologiques d'envergure.

En Europe, le GPS est déjà bien implanté, mais les pouvoirs politiques préfèrent mettre en place un système de guidage plus sûr. C'est ainsi qu'est né le programme Galiléo. D'après les experts, ce système européen de guidage est bien plus précis que son concurrent américain. Grâce à Galiléo, il est possible de situer n'importe quel point sur la Terre à un mètre près. Toutefois, il faudra encore attendre cinq ans avant que ce système européen soit pleinement opérationnel. Pour le moment, le premier satellite a été lancé et il doit permettre de tester l'efficacité du système. Si tout se déroule comme prévu, 30 satellites au total seront placés à 25 000 km de la Terre.

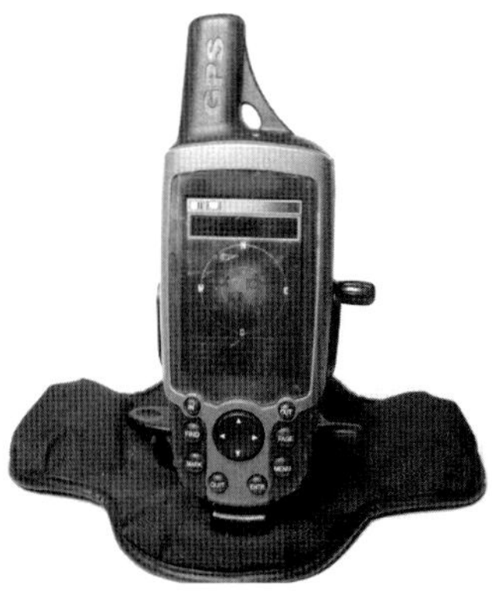

D'après : Frédéric Fontaine, *Les clés de l'actualité junior* (29/12/2005)

1. Galiléo a pour but... *2 points*

- ☐ de mieux se situer en Europe.
- ☐ de mieux se situer dans le monde entier.
- ☐ d'améliorer les communications maritimes, terrestres et aériennes entre les Américains et les Européens.

2. Le GPS est un système utilisé... *2 points*

- ☐ uniquement par les professionnels et l'armée.
- ☐ uniquement par les professionnels.
- ☐ par les professionnels, les particuliers et aussi l'armée.

3. Pour les automobilistes, le GPS est utile parce qu'il leur permet de... *2 points*

....

4. Le GPS fonctionne... *2 points*

- ☐ à l'aide d'antennes placées sur les toits des maisons.
- ☐ parce qu'il y un réseau très complexe de câbles, surtout aux États-Unis et en Europe.
- ☐ grâce à des satellites que les États-Unis ont envoyés dans l'espace.

5. Le système Galiléo sera moins précis que son concurrent américain. *1,5 points*

- ☐ Vrai
- ☐ Faux
- ☐ On ne sait pas.

6. Quel sera le degré de précision de Galiléo ? *2 points*

- ☐ moins d'un mètre.
- ☐ un mètre.
- ☐ environ un mètre.

7. Actuellement, Galiléo... *2 points*

- ☐ est totalement opérationnel.
- ☐ est un projet en phase d'essai.
- ☐ est un projet en phase d'étude.

8. Selon le texte, Galiléo sera compatible avec le système GPS. *1,5 points*

- ☐ Vrai
- ☐ Faux
- ☐ On ne sait pas.

■

Partie 3
PRODUCTION ÉCRITE
25 points

■

■ Essai

En France, certains élèves ont la possibilité d'apprendre l'anglais dès l'école maternelle. D'autres peuvent apprendre la langue de leur région ou du pays d'origine de leurs parents. Comment cela se passe-t-il dans votre pays ? Qu'est-ce que vous en pensez ? N'oubliez pas de donner des exemples.

Écrivez un texte construit et cohérent sur ce sujet (160 à 180 mots).

Vous disposerez d'une feuille entière pour réaliser l'épreuve de production écrite le jour de l'examen.

■

Partie 4
PRODUCTION ORALE
25 points

■

■ Consignes

L'épreuve se déroule en trois parties qui s'enchaînent.
Elle dure de 10 à 15 minutes.
Pour la 3ème partie seulement, vous disposez de 10 minutes de préparation. Cette préparation a lieu avant le déroulement de l'ensemble de l'épreuve.

■ Entretien dirigé

Vous devez parler de vous, de vos activités, de vos centres d'intérêts, ainsi que de votre passé, de votre présent et de vos projets.

L'épreuve se déroule sur le mode d'un entretien avec l'examinateur qui amorcera le dialogue par une question (exemple : « *Bonjour… Pouvez-vous vous présenter, me parler de vous, de votre famille ?* »).

■ Exercice en interaction

Au choix par tirage au sort :

Sujet 1

Vous allez au cinéma. Au guichet, vous demandez le tarif étudiant, mais vous avez oublié votre carte. Vous essayez de négocier avec le vendeur. L'examinateur joue le rôle du vendeur.

Sujet 2

Vous avez acheté un vêtement pour une soirée d'anniversaire, mais au moment de le mettre, celui-ci ne vous va pas. Le lendemain, vous allez à la boutique pour le changer, mais le vendeur refuse. Vous protestez. L'examinateur joue le rôle du vendeur.

■ Expression d'un point de vue à partir d'un document

Tirez au sort l'un des deux documents que vous présente l'examinateur.
Vous devez trouver le thème du document et présenter votre opinion sous la forme d'un exposé personnel de 3 minutes environ.
L'examinateur pourra vous poser quelques questions.

Au choix par tirage au sort :

Document 1

L'échec de la journée sans voiture
Cette expérience était née dans la ville de La Rochelle et avait été copiée dans de nombreuses villes de France et même d'Europe. Souvent, cette journée consistait à fermer le centre ville aux véhicules motorisés pendant toute une journée et à inciter les usagers à utiliser les transports publics. Pourtant, très vite, les pouvoirs publics se sont rendus compte que cela créait un véritable chaos autour du centre et ne faisait diminuer que très faiblement le nombre de voitures circulant en ville ce jour-là. C'est pour cela que beaucoup de villes ont renoncé à l'organisation de cette journée, comme si l'invasion automobile était inévitable.

Document 2

Contrairement à une idée reçue, les élèves sont plutôt contents de leurs professeurs. C'est du moins ce que révèle un récent sondage auprès de collégiens français. Ceux-ci pensent que leurs profs les aident à réussir et qu'en général, ils sont attentifs aux problèmes des élèves. Autre résultat surprenant, c'est que l'autorité est appréciée par une très grande majorité. Un prof qui sait se faire respecter est synonyme de bon prof, avec qui on apprend bien. Pourtant, les élèves reconnaissent que souvent, ils s'ennuient en classe ou s'endorment. Mais, ce qui est le moins bien compris, ce sont les punitions ou le manque de respect de certains profs envers leurs élèves.

■

Partie 1

COMPRÉHENSION DE L'ORAL

25 points

■

■ Consignes

Vous allez entendre trois documents sonores correspondant à des situations différentes.
Pour le premier et le deuxième, vous aurez :
- *30 secondes pour lire les questions ;*
- *une première écoute, puis 30 secondes de pause pour commencer à répondre aux questions ;*
- *une deuxième écoute, puis 1 minute de pause pour compléter vos réponses.*

Répondez aux questions en cochant (☒) la bonne réponse ou en écrivant l'information demandée.

■ Document 1 — *6 points*

1. Qui téléphone à qui ? *1 point*

☐ Gilles à Arnaud.
☐ Arnaud à Gilles.

2. La personne qui appelle... *1 point*

☐ demande à l'autre personne son avis sur un film.
☐ demande à l'autre personne si elle veut l'accompagner au cinéma.
☐ demande si elle peut venir avec des amis au cinéma.

3. L'une des deux personnes ne veut pas aller voir *Le monde de Narnia* parce qu'elle dit... *1 point*

☐ l'avoir déjà vu.
☐ que c'est un film trop violent.
☐ que l'histoire n'est pas intéressante.

4. L'autre personne lui demande... *1 point*

☐ d'être plus romantique.
☐ d'être moins rêveuse.
☐ d'être plus fantaisiste.

5. À quelle heure est le rendez-vous devant le Café Renoir ? *1 point*

....

6. Comment la personne confirmera-t-elle sa présence ? *1 point*

☐ Elle enverra un courriel.
☐ Elle enverra un texto.
☐ Elle appellera sur le portable.

■ Document 2 *6 points*

1. Ce document est... *1 point*

- ☐ une publicité pour la SNCF.
- ☐ le récit d'un fait divers.
- ☐ un avis de danger à la veille des fêtes.

2. Le document fait référence au trajet.... *1 point*

- ☐ Lyon-Nice.
- ☐ Lyon-Marseille.
- ☐ Nice-Lyon.

3. Combien de passagers se trouvaient dans le train ? *1 point*

....

4. Parmi les objets de valeur cités dans le document, notez-en 2 : *1 point*

....

....

5. À quel moment de l'année ces faits se situent-ils ? *1 point*

- ☐ Pendant les vacances de Pâques.
- ☐ En pleines vacances d'été.
- ☐ À l'époque des fêtes de Noël.

6. Quel était le prix du trajet de cette promotion spéciale de la SNCF ? *1 point*

- ☐ 12 euros.
- ☐ 20 euros.
- ☐ 1,20 euros.

■ Document 3

13 points

Vous allez entendre un document sonore. Vous aurez tout d'abord 1 minute pour lire les questions, puis vous entendrez deux fois l'enregistrement avec une pause de 3 minutes entre les deux écoutes. Après la deuxième écoute, vous aurez encore 2 minutes pour compléter vos réponses.
Répondez aux questions, en cochant (☒) la bonne réponse ou en écrivant l'information demandée.

1. Ce document est une information... *1 point*

- ☐ politique.
- ☐ sportive.
- ☐ technologique.

2. Le budget des Français en matière de télévision a... *1 point*

- ☐ doublé.
- ☐ triplé.
- ☐ quadruplé.

3. Les Français restent malgré tout très réticents aux chaînes payantes. *1 point*

- ☐ Vrai
- ☐ Faux
- ☐ On ne sait pas.

4. Les différents bouquets numériques comptent aujourd'hui... *1 point*

- ☐ 18 millions d'abonnés.
- ☐ 8 millions d'abonnés.
- ☐ 9 millions d'abonnés.

5. Citez deux appareils nécessaires mentionnés dans le document pour être performant et voir sans problème un bouquet numérique. *2 points*

....

....

6. Qu'est-ce que la TNT ? *2 points*

....

7. Pourquoi les gens pourraient-ils cesser d'aller au vidéoclub d'après M. Broudic ? *1 point*

....

8. Quel sera l'autre support que les télévisions vont commencer à commercialiser ? *2 points*

....

9. Quelle est la facture moyenne des portables en France ? *2 points*

Actuellement : .... euros.

D'ici quelque temps : .... euros.

■
Partie 2
COMPRÉHENSION DES ÉCRITS
25 points
■

■ Exercice 1

10 points

Vous cherchez un parc d'aventures pour vos vacances de février. Vous y allez avec des enfants entre 5 et 7 ans. Vous souhaiteriez pouvoir réaliser des activités en forêt, mais aussi en rivière. Votre budget permet de payer une entrée n'excédant pas les 15 euros par enfant. Si vous pouvez dormir sur place, c'est encore mieux.

Proposition 1

Dès 5 ans
AVENTURES EN FORÊT vous propose de découvrir les merveilleux bois du Verdon sur trois hectares de pins et de feuillus. Vous pourrez évoluer d'arbre en arbre à des hauteurs de 4 à 12 mètres, sans aucun risque !
Possibilité de rafting.
Tarif : enfants (5-12 ans) 7,00€ / (14-18 ans) 14,00€ / adultes 25,00€
Nous sommes ouverts toute l'année.

Proposition 2

Dès 6 ans
Ô cime vous donne la possibilité de réaliser de véritables parcours acrobatiques sur 5 niveaux différents dans la belle Forêt de Treillères.
Tarif : enfants (6-10 ans) 12,00€ / (11-18) 15,00€ / adultes 17,00€
Nous sommes ouverts d'avril à novembre.
Possibilité d'ouverture hors saison pour les groupes à partir de 10 personnes.

Proposition 3

Dès 7 ans
Acrob'arbre vous propose des formules d'une journée ou d'une demi-journée pour vous amuser et découvrir la nature dans un espace forestier. Vous pouvez même passer la nuit dans un arbre !
Tarif : demi-journée 35,00€ / journée 50,00€ / journée + nuit + petit-déjeuner 100,00€
Ouvert toute l'année.

	Proposition 1	Proposition 2	Proposition 3
Âge			
Forêt + rivière			
Logement			
Calendrier			
Tarif			

Quelle est la proposition la plus appropriée à vos critères ? ....

■ Exercice 2

15 points

Lisez le texte ci-dessous, puis répondez aux questions en cochant la bonne réponse ou en écrivant l'information demandée.

UN BAL EN ROUGE ET NOIR

Une bonne excuse pour visiter la Vallée de Soule

La vie dans la vallée de Soule est calme, loin du bruit de la grande ville. Ici et là, quelques fermes et des petits villages forment un paysage de carte postale dans cet hâvre de paix des Pyrénées basques.

Pourtant, à partir de la mi-janvier et jusqu'à la fin mai, le silence du froid hivernal est brisé tous les dimanches par le carnaval. La condition essentielle pour que cet événement ait lieu, c'est qu'un village possède de bons danseurs. C'est le cas d'Ordiap, où une quarantaine de jeunes se retrouvent pour les mascarades. Ils se divisent en deux groupes : les gorriak (rouges), élégants, propres et sérieux, et les beltzak (noirs), bruyants, débraillés et désordonnés. Chaque groupe est accompagné de ses musiciens.

Ses mascarades vont de village en village et, à chaque fois, le même rituel se répète. Les jeunes arrivent au petit matin et mettent leurs costumes. Chez les gorriak, le personnage central est Zamalzain, portant une carcasse en bois imitant un cheval à la tête proportionnellement trop petite. Chez les beltzak, il y a le chef des gitans et sa tribu.

Alors la fête commence. Les jeunes dansent de ferme en ferme, où ils sont invités à boire et à manger. Puis ils arrivent sur la place du village où ils forment une chaîne et dansent, en invitant le public à participer au spectacle qui se répète ainsi tous les dimanches.

L'origine de cette fête est mal connue mais, selon le folkloriste basque, J. A. Urbeltz, il faudrait voir dans le rouge des gorriak une représentation des fléaux de sauterelles qui faisaient si peur aux paysans et, dans le noir des Beltzak, une personnification des mouches et des moustiques, conséquence de ces invasions.

Si vous ne connaissez pas encore ce joli coin des Pyrénées, les mascarades sont une belle excuse pour vous y rendre et en profiter pour découvrir des endroits merveilleux, riches en petites églises, en châteaux et rues médiévales. Vous adorerez.

1. À votre avis, ce texte sur le Pays basque est tiré : *1 point*

☐ de la rubrique politique d'un journal.
☐ de la rubrique voyages d'un journal.
☐ de la rubrique gastronomie d'un journal.

2. Quelle expression du premier paragraphe signifie que la Vallée de Soule est particulièrement tranquille ? *2 points*

....

3. Le calme de la Vallée de Soule est brisé le dimanche parce qu'il y .... *2 points*

qu'on appelle ....

4. Cette fête se tient de .... à .... *2 points*

5. Quelle est la condition pour que cette fête se déroule ? *2 points*

....

6. Pourquoi le titre de l'article parle-t-il de « Bal en rouge et noir » ? *2 points*

....

....

7. Les gens des différents villages se réunissent tous les dimanches à Ordiap pour danser dans les fermes. *1 point*

☐ Vrai
☐ Faux
☐ On ne sait pas.

8. Cette fête a des origines médiévales, comme le dit le folkloriste J. A. Urbeltz. *1 point*

☐ Vrai
☐ Faux
☐ On ne sait pas.

9. Les jeunes habillés en rouge représentent les invasions de sauterelles et ceux qui sont en noir, une personnification d'insectes. *1 point*

☐ Vrai
☐ Faux
☐ On ne sait pas.

10. Selon l'article, la Vallée de Saule est aussi connue pour ces attraits médiévaux. *1 point*

☐ Vrai
☐ Faux
☐ On ne sait pas.

■

Partie 3
PRODUCTION ÉCRITE
25 points

■

■ Article

Vous devez rédiger un article dans lequel vous décrivez les habitudes de vos concitoyens pendant le week-end (sorties, activités sportives ou de loisirs, etc.). N'oubliez pas de donner des exemples.

Écrivez un texte construit et cohérent sur ce sujet (160 à 180 mots).

Vous disposerez d'une feuille entière pour réaliser l'épreuve de production écrite le jour de l'examen.

■

Partie 4
PRODUCTION ORALE
25 points

■

■ Consignes

L'épreuve se déroule en trois parties qui s'enchaînent.
Elle dure de 10 à 15 minutes.
Pour la 3ème partie seulement, vous disposez de 10 minutes de préparation.
Cette préparation a lieu avant le déroulement de l'ensemble de l'épreuve.

■ Entretien dirigé

Vous devez parler de vous, de vos activités, de vos centres d'intérêts, ainsi que de votre passé, de votre présent et de vos projets.

L'épreuve se déroule sur le mode d'un entretien avec l'examinateur qui amorcera le dialogue par une question (exemple : « *Bonjour... Pouvez-vous vous présenter, me parler de vous, de votre famille ?* »).

■ Exercice en interaction

Au choix par tirage au sort :

Sujet 1
Deux jours après votre arrivée à Paris, votre valise n'est toujours pas là. Vous téléphonez à la compagnie aérienne pour protester. On vous demande de ne pas vous inquiéter mais vous n'êtes pas content/e et vous exigez une solution car vous partez dans deux jours et vous avez été obligé/e de racheter des vêtements. L'examinateur joue le rôle du représentant de la compagnie aérienne.

Sujet 2
Vous proposez à un/e ami/e de partir avec vous à Londres. Il lui suffit d'acheter son billet sur Internet. Il/elle est réticent/e car il/elle trouve que ce système de réservation et de paiement n'est pas sûr. Vous essayez de le/la convaincre. L'examinateur joue le rôle de l'ami/e.

■ Expression d'un point de vue à partir d'un document

Tirez au sort l'un des deux documents que vous présente l'examinateur.
Vous devez trouver le thème du document et présenter votre opinion sous la forme d'un exposé personnel de 3 minutes environ.
L'examinateur pourra vous poser quelques questions.

Au choix par tirage au sort :

Document 1

La blogomanie des Français
L'édition du Petit Robert 2006 a déjà introduit le mot « blog ». Il lui faudra bientôt ajouter celui de « blogomanie » pour se référer à la dépendance croissante du phénomène chez les Français. Un récent sondage révèle qu'un Français sur dix a créé son blog et que tous les jours, ce sont entre 10 000 et 15 000 nouvelles pages qui sont accrochées sur Internet. Les bloggers, c'est-à-dire les créateurs et utilisateurs de blogs, ont entre 16 et 24 ans et la majorité sont des femmes (57%). Mais on sait aussi que seul 1% des blogs est régulièrement lu. Alors on peut se demander à quoi répond ce besoin d'écrire et d'être connecté en permanence. À exister ?

Document 2

Un urinoir : le chef-d'œuvre le plus influent du XXe S.
Peut-on transformer un urinoir en objet d'art ? Quand, en 1917, Marcel Duchamp présenta son urinoir renversé en porcelaine à New York sous le titre de La fontaine, personne n'aurait osé dire que cette pièce si quotidienne allait devenir une clé pour comprendre l'art contemporain. Cet art minimal qui fait que l'œuvre ne réside pas dans la forme visible, mais dans l'idée peut en laisser perplexe plus d'un. Pourtant, ce chef-d'œuvre de Marcel Duchamp a récemment été désigné comme le plus influent du XXe S., devant *Les demoiselles d'Avignon* de Picasso ou encore la *Marilyn* d'Andy Warhol.

■

Partie 1
COMPRÉHENSION DE L'ORAL
25 points

■

■ Consignes

Vous allez entendre trois documents sonores correspondant à des situations différentes.
Pour le premier et le deuxième, vous aurez :
- *30 secondes pour lire les questions ;*
- *une première écoute, puis 30 secondes de pause pour commencer à répondre aux questions ;*
- *une deuxième écoute, puis 1 minute de pause pour compléter vos réponses.*

Répondez aux questions en cochant (☒) la bonne réponse ou en écrivant l'information demandée.

■ Document 1 — *6 points*

1. Fabrice raconte qu'il... *1 point*

☐ a participé au tournage d'un film.
☐ a vu par hasard le tournage d'un film.
☐ a répondu à une annonce pour tourner dans un film.

2. La scène dont Fabrice parle s'est passée... *1 point*

☐ sur les Champs Élysées.
☐ près du Louvre.
☐ sur la butte Montmartre.

3. Elle parle de l'actrice... *1 point*

☐ Juliette Binoche.
☐ Amélie Poulain.
☐ Audrey Tautou.

4. Combien de films tourne-t-on à Paris tous les jours ? *1 point*

☐ 10 films.
☐ 100 films.
☐ On ne sait pas.

5. Citez deux types de films dont parle Fabrice. *1 point*

....

....

6. Angélique suggère à Fabrice... *1 point*

☐ de se présenter tous les deux comme figurants.
☐ d'aller au cinéma.
☐ de demander un autographe à Tom Hanks.

■ Document 2

6 points

1. Commercialement, le yaourt est né en France... *2 points*

- ☐ en 1825.
- ☐ en 1925.
- ☐ en 1945.

2. Les Français sont les premiers consommateurs de yaourts devant les Allemands. *2 points*

- ☐ Vrai
- ☐ Faux
- ☐ On ne sait pas.

3. La consommation annuelle de pots de yaourt en France est de : *1 point*

.... pots/personne.

4. Citez deux éléments avec lesquels les marques jouent pour innover et créer de nouvelles variantes. *1 point*

....

....

5. Le yaourt est un élément central dans l'alimentation des familles. *1 point*

- ☐ Vrai
- ☐ Faux
- ☐ On ne sait pas.

6. Quel est le profil des plus grands consommateurs de yaourts ? *1 point*

....

■Document 3

13 points

Vous allez entendre un document sonore. Vous aurez tout d'abord 1 minute pour lire les questions, puis vous entendrez deux fois l'enregistrement avec une pause de 3 minutes entre les deux écoutes. Après la deuxième écoute, vous aurez encore 2 minutes pour compléter vos réponses.
Répondez aux questions, en cochant (☒) la bonne réponse ou en écrivant l'information demandée.

1. La personne interviewée est : *1 point*

- ☐ le président de l'opération Pièces jaunes.
- ☐ le parrain de l'opération Pièces jaunes.
- ☐ un membre de l'opération Pièces jaunes.

2. En quoi consiste cette opération ? *1,5 points*

....

3. En quelle année est née cette opération ? *1,5 points*

....

4. Citez trois endroits où sont placées les tirelires de l'opération Pièces jaunes. *1,5 points*

....

5. Quelle a été la quantité obtenue lors de la campagne précédente ? *1,5 points*

- ☐ 5 millions d'euros.
- ☐ 6 millions d'euros.
- ☐ 100 millions d'euros.

6. Qu'y aura-t-il dans les gares où s'arrêtera le TGV Pièces jaunes ? *1,5 points*

- ☐ Des tirelires immenses pour que les gens y déposent leurs pièces.
- ☐ Des artistes très connus pour participer à des animations.
- ☐ Des activités sportives pour collecter de l'argent.

7. Parmi ces villes, entourez celles où s'arrêtera le TGV : *2 points*

Paris	Toulouse	Cannes
Montélimar	Nice	Lyon
Bordeaux	Rouen	Caen

8. Combien de projets sont nés grâce à cet argent ? *1,5 points*

....

9. Les dernières collectes ont rapporté moins d'argent que prévu. *1 point*

- ☐ Vrai
- ☐ Faux
- ☐ On ne sait pas.

■

Partie 2
COMPRÉHENSION DES ÉCRITS
25 points

■

■ Exercice 1 *10 points*

Vous voulez offrir à vos parents un séjour d'une semaine dans un gîte au mois de mai. Voici quelques propositions trouvées sur Internet. Lisez-les, puis remplissez le tableau ci-dessous.

Proposition 1

Une semaine à la ferme « Le verger d'antan »

En pleine campagne. Location de vélos ; promenades à cheval.
Petit studio avec chambre, coin cuisine, salle de bains.
Juillet/août : 275€/semaine ; juin/septembre : 160€/semaine ;
octobre à mai : 150€/semaine.
Contact : Mme Leroux, levergerdantan@monmel.com

Proposition 2

Une semaine dans le gîte de montagne « Le mas d'Auzat »

Été comme hiver, découvrez les plaisirs de la montagne : ski, raquette, équitation, randonnée, pêche, canyoning...
Chambre double avec salle de bains, cuisine communautaire.
Juillet/août : 350€/semaine ; juin/septembre : 240€/semaine ;
octobre à mai : 225€/ semaine.
Contact : M./Mme Chevalier, lemas@melcho.fr

Proposition 3

Une semaine en bordure de mer : « Ti Mor Bras »

Adorable maisonnette indépendante de plain pied à quelques mètres de l'océan, comprenant : coin cuisine équipée tout confort (lave-linge), WC, salle de bains (douche), 1 chambre salon (lit 2 pers), rangements, terrasse abritée, salon...
Juillet/août : 380€/semaine ; juin et septembre : 260€/semaine ;
octobre à mai : 170€ semaine.
Contact : Mme Le Touze, morbras@memfostel.com

1. Pour chacune des propositions, mettez une croix à chaque fois qu'elle correspond à vos critères (10 croix maximum).

	Propos. 1	Propos. 2	Propos. 3
Papa peut faire la cuisine.			
Maman adore se promener au bord de la mer.			
Ils aiment faire du vélo.			
Papa aime faire du cheval.			
Maman voudrait faire une descente en rivière.			
Notre budget est de 160€ maximum.			

2. À quel gîte envoyez-vous un courriel pour obtenir plus de renseignements ? ....

■ **Exercice 2** *15 points*

Lisez le texte ci-dessous, puis répondez aux questions en cochant la bonne réponse ou en écrivant l'information demandée.

Le monde des nouvelles technologies

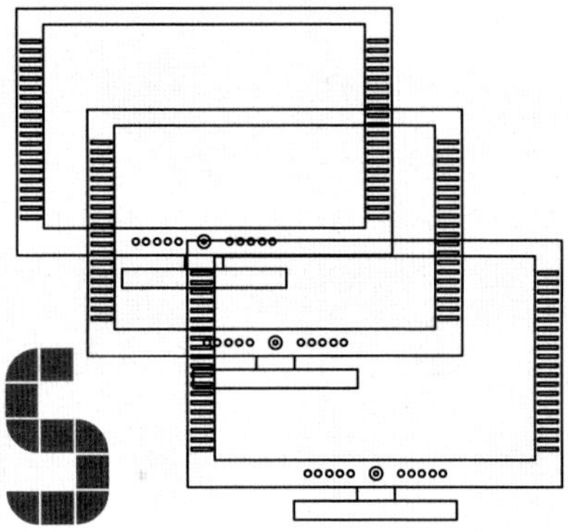

L'avancée de la téléphonie mobile semble ne pas avoir de limites. Cela fait déjà longtemps que le téléphone portable est dans toutes nos poches. Plus récemment, les fabricants ont incorporé un appareil photo numérique. À présent, c'est une nouvelle révolution qui secoue le monde des mobiles : l'arrivée d'Internet en miniature. Où que vous soyez, vous pouvez désormais envoyer des courriels avec des photos, consulter des sites, des blogs... En France, il y aurait déjà 2 millions de personnes connectées à Internet par l'intermédiaire de leur portable, même si beaucoup de Français émettent des doutes sur l'avenir de ce service, comme l'a révélé un récent sondage, où les personnes interrogées ont fait remarquer qu'il serait nécessaire d'adapter les mobiles. Ceci dit, cette innovation marque un nouveau pas dans le monde des nouvelles technologies, ce qui inquiète les autorités.

Le motif de cette inquiétude, c'est que parmi ces nombreux utilisateurs, il y a beaucoup d'adolescents. Le risque n'est pas mince, car comme tout le monde le sait, Internet héberge des sites pornographiques ou violents ; il y a encore les forums où les jeunes peuvent rencontrer des personnes peu recommandables. Le danger vient du fait que, avec le portable, les parents ne peuvent plus bloquer certains accès ou du moins s'assurer que leurs enfants ne surfent pas sur des sites dangereux. C'est pourquoi il a été demandé aux opérateurs de téléphonie mobile de permettre un contrôle des parents sur le portable de leurs enfants. Il s'agit d'un système qui permet de bloquer l'accès à certains sites. Outre ce contrôle parental, il y en aura sur la publicité qui circule sur la Toile des portables afin de s'assurer qu'aucun site réservé aux adultes ne sera consulté par des adolescents. Quant aux forums, les moteurs de recherches devront en surveiller l'accès à travers un modérateur.

D'après : AGNÈS MÉREL, *Les clés de l'actualité junior*, (13/01/06)

1. Le service Internet des téléphones portables est « miniature » parce que...

- ☐ c'est un service très lent.
- ☐ c'est un service adressé aux adolescents.
- ☐ c'est un service identique, mais sous un format plus petit.

2. Citez deux choses possibles avec un téléphone mobile doté d'Internet :

....

....

....

3. Les principaux utilisateurs d'Internet sont...

- ☐ les adultes.
- ☐ les adolescents.
- ☐ On ne sait pas.

4. Les Français considèrent que...

- ☐ cette invention est une révolution.
- ☐ cette invention sera l'appareil du futur.
- ☐ une adaptation des portables sera nécessaire.

5. Que craignent les autorités ?

....

....

....

6. Les parents auront la possibilité de contrôler les sites sur lesquels surfent leurs enfants.

- ☐ Vrai
- ☐ Faux
- ☐ On ne sait pas.

7. La publicité de sites Internet sera...

- ☐ contrôlée.
- ☐ libre.
- ☐ On ne sait pas.

8. Quelle sera la fonction des modérateurs des forums ?

....

....

■

Partie 3
PRODUCTION ÉCRITE
25 points

■

■ Histoire à partir d'images

Choisissez deux images parmi celles proposées ci-dessous et inventez une histoire.

Vous disposerez d'une feuille entière pour réaliser l'épreuve de production écrite le jour de l'examen.

■

Partie 4
PRODUCTION ORALE
25 points

■

■ Consignes

L'épreuve se déroule en trois parties qui s'enchaînent.
Elle dure de 10 à 15 minutes.
Pour la 3ème partie seulement, vous disposez de 10 minutes de préparation. Cette préparation a lieu avant le déroulement de l'ensemble de l'épreuve.

■ Entretien dirigé

Vous devez parler de vous, de vos activités, de vos centres d'intérêts, ainsi que de votre passé, de votre présent et de vos projets.

L'épreuve se déroule sur le mode d'un entretien avec l'examinateur qui amorcera le dialogue par une question (exemple : « *Bonjour... Pouvez-vous vous présenter, me parler de vous, de votre famille ?* »).

■ Exercice en interaction

Au choix par tirage au sort :

Sujet 1
Vous voulez partir à la montagne avec des amis pendant les vacances de printemps. C'est la première fois et vous avez très envie que la date arrive. Malheureusement, vos parents ont réservé un gîte à la campagne et veulent passer la semaine avec toute la famille. Vous essayez de les convaincre de vous laisser partir. L'examinateur joue le rôle d'un des deux parents.

Sujet 2
Vous avez atterri avec plus de deux heures de retard ! Vous allez protester auprès de la compagnie, mais la personne du guichet dit qu'elle ne peut rien faire. La compagnie ne garantit que l'arrivée à destination mais pas l'heure, qui n'est donnée qu'à titre d'information. L'examinateur joue le rôle de l'employé de la compagnie aérienne.

■ Expression d'un point de vue à partir d'un document

Tirez au sort l'un des deux documents que vous présente l'examinateur.
Vous devez trouver le thème du document et présenter votre opinion sous la forme d'un exposé personnel de 3 minutes environ.
L'examinateur pourra vous poser quelques questions.

Au choix par tirage au sort :

Document 1

Des caméras pour plus de sécurité ?
Où que vous alliez, elles sont là en train de vous épier, jour et nuit, ce sont les caméras de surveillance. Il y a en dans les banques, dans les magasins, dans les transports publics – surtout dans le métro –, à l'entrée de plus en plus d'immeubles et même dans la rue ! La France compte environ 1 million de caméras de vidéo pour assurer notre sécurité.
D'après le gouvernement, il s'agit d'une mesure de dissuasion contre les vols et les agressions, et surtout une arme efficace contre le terrorisme. Malgré tout, beaucoup pensent que cette vidéosurveillance non seulement ne fait pas baisser la délinquance ni empêche de poser des bombes, mais que c'est surtout une atteinte aux libertés individuelles. En effet, est-il normal d'être filmé 24 heures sur 24 dans une démocratie ?

Document 2

Jusqu'à présent, on avait l'habitude de trouver dans les maisons des chats, des chiens ou des canaris. De temps en temps, il pouvait y avoir des hamsters, mais là s'arrêtait l'exotisme des mascottes des petits et des grands. Plus récemment, on a vu croître la demande d'animaux rares, parfois même protégés. Ce qui provoque un important trafic d'animaux interdits car quelques personnes sont prêtes à payer d'importantes sommes pour en avoir un chez elles. Cette pratique est interdite, mais elle est également dangereuse pour les propriétaires et pour les animaux qui sont souvent maltraités. Les autorités ont décidé de réagir en prenant contre ce trafic des mesures sévères qui vont jusqu'à une peine de prison pour les personnes qui se rendraient coupables d'acheter un animal protégé.

■

Partie 1
COMPRÉHENSION DE L'ORAL
25 points

■

■ Consignes

Vous allez entendre trois documents sonores correspondant à des situations différentes.
Pour le premier et le deuxième, vous aurez :
- *30 secondes pour lire les questions ;*
- *une première écoute, puis 30 secondes de pause pour commencer à répondre aux questions ;*
- *une deuxième écoute, puis 1 minute de pause pour compléter vos réponses.*

Répondez aux questions en cochant (☒) la bonne réponse ou en écrivant l'information demandée.

■ Document 1 *6 points*

1. Ces deux personnes parlent... *1 point*

☐ d'un film.
☐ d'un livre.
☐ d'une pièce de théâtre.

2. Ces deux personnes trouvent l'histoire... *1 point*

☐ passionnante.
☐ incohérente.
☐ passionnante pour l'un, incohérente pour l'autre.

3. D'après l'un des interlocuteurs, l'histoire pourrait être un excellent scénario pour un film. *1 point*

☐ Vrai.
☐ Faux.
☐ On ne sait pas.

4. L'un des interlocuteurs évoque la profession de certains personnages de l'histoire. Citez-en une. *1 point*

....

5. Selon l'un des interlocuteurs, qui doit gagner beaucoup d'argent en ce moment ? *1 point*

....

6. En rapport avec cette histoire, que fait le Musée du Louvre depuis quelque temps ? *1 point*

☐ Il a inauguré une exposition spéciale sur Léonard de Vinci.
☐ Il propose des visites guidées spécialement conçues autour de l'histoire en question.
☐ Il indique aux visiteurs que tout ce qui est dit dans l'histoire est faux.

■ Document 2 *6 points*

1. Ce document est... *1 point*

- ☐ une publicité radio sur le papier d'Arménie.
- ☐ une chronique sur le papier d'Arménie.
- ☐ l'annonce d'une réédition de la célèbre chanson de Serge Gainsbourg.

2. Le papier d'Arménie est originaire d'Asie. *1 point*

- ☐ Vrai
- ☐ Faux
- ☐ On ne sait pas.

3. L'associé de M. Ponsot était... *1 point*

- ☐ arménien.
- ☐ pharmacien.
- ☐ imprimeur.

4. Quelle est la fonction originale du papier d'Arménie ? *1 point*

....

5. Complétez : *1 point*

Le mode d'emploi du papier d'Arménie est simple :

il suffit de ....

une lamelle, de la plier en forme ....,

de la .... sur une soucoupe résistant à la chaleur,

de l'......................... puis de souffler la flamme.

6. Complétez : *1 point*

Le papier d'Arménie a été présenté pour la première fois en ....

et il se vend aujourd'hui .... d'exemplaires.

■ Document 3

13 points

Vous allez entendre un document sonore. Vous aurez tout d'abord 1 minute pour lire les questions, puis vous entendrez deux fois l'enregistrement avec une pause de 3 minutes entre les deux écoutes. Après la deuxième écoute, vous aurez encore 2 minutes pour compléter vos réponses.
Répondez aux questions, en cochant (☒) la bonne réponse ou en écrivant l'information demandée.

1. Ce document est une information... *1 point*

☐ sociologique.
☐ politique.
☐ culinaire.

2. Quelle est la source de cette information ? *1 point*

....

3. Qui est Nadine Lemarchand ? *1 point*

....

4. Complétez ce tableau à partir des informations que vous entendez. Attention, ne laissez pas de case vide. S'il manque des renseignements dans l'interview, indiquez « on ne sait pas ».

4 points

	Taille		Poids	
	1970	Actuellement	1970	Actuellement
Homme				
Femme				

5. À quelle occasion ces chiffres sont-ils présentés ? *1,5 points*

....

6. Quelles sont leurs conséquences ? *1,5 points*

....

7. Auprès de combien de personnes cette campagne a-t-elle été réalisée ? *1,5 points*

☐ 11 562 adultes.
☐ 11 562 enfants.
☐ 11 562 adultes et enfants.

8. Combien de temps cette campagne a-t-elle duré ? *1,5 points*

....

■

Partie 2
COMPRÉHENSION DES ÉCRITS
25 points

■

■ Exercice 1

12 points

Vous avez décidé de passer une soirée-télé avec des amis. Tout le monde aime la pizza mais choisir la chaîne est plus difficile... Angèle adore le cinéma, elle suit l'actualité cinématographique, mais elle aime bien regarder le sport –du moment que ce ne soit pas du foot–. Samuel, le petit ami de Marie, aime bien le cinéma mais sans exagération. C'est un fou de séries américaines où il y a de l'action, tout comme Dimitri. Quant à Vincent, il préfère regarder un bon match.

Voici le programme de la soirée :

Chaîne 1 :
Mon ange. Film français de Serge Frydman.
Cette comédie dramatique avec Vanessa Paradis, Vincent Rottiers et Eduardo Noriega met en scène Colette, une jeune femme à qui une ancienne collègue demande de l'aider à retrouver son fils. Mais les choses ne sont pas si faciles...

Chaîne 2 :
LIGUE DES CHAMPIONS
Ce soir, vous pourrez suivre les quatre rencontres de la demi-finale de la Ligue des Champions. Un grand moment de football à ne pas manquer sur la deuxième chaîne.

Chaîne 3 :
The Shield, SÉRIE AMÉRICAINE
Dans ce premier épisode, Vic Mackey a décidé d'aider un ami à retrouver un adolescent difficile. Mais voilà que Vic se retrouve au beau milieu d'un règlement de comptes entre trafiquants de drogue !

Chaîne 4 :
En direct sur notre chaîne, vivez LA SOIRÉE DES CÉSARS. Cette année, c'est Valérie Lemercier qui présentera cette 31ème édition. Qui gagnera le César au meilleur film de l'année ? Qui sera la meilleure actrice ? Si vous aimez le cinéma, ne manquez pas cette grande soirée.

1. Pour chacune des propositions, mettez une croix à chaque fois qu'elle correspond à vos critères.

	Chaîne 1	Chaîne 2	Chaîne 3	Chaîne 4
Angèle				
Samuel				
Dimitri				
Vincent				

2. Quelle est la proposition la plus appropriée pour cette soirée-télé ? ....

■ Exercice 2

13 points

Lisez le texte ci-dessous, puis répondez aux questions en cochant la bonne réponse ou en écrivant l'information démandée.

Un phénomène climatique spectaculaire et cyclique

Arrivée de Russie il y a une dizaine de jours, une vague de froid polaire a envahi progressivement l'Europe de l'Est et du Nord, ainsi que les Balkans et la Turquie. Selon les climatologues, il est trop tôt pour dire si cet événement météorologique extrême est dû au réchauffement climatique. Pour l'établir, il leur faut en effet disposer de données persistantes et répétitives qu'ils ne possèdent pas pour l'instant.

Patrick Galois, ingénieur prévisionniste à Météo France, constate pour sa part que « de telles arrivées d'air froid ont lieu tous les dix ou vingt ans environ. La dernière période très froide date de l'hiver 1987. Il avait alors fait -31°C à Varsovie. (...) Quant au record de froid enregistré à Moscou, il date du 31 décembre 1978 avec -38°C. » Le froid intense qui sévit sur une bonne partie de l'Europe a provoqué de nombreuses morts et semé la perturbation dans les transports et les réseaux électriques. (...).

UN ANTICYCLONE THERMIQUE

(...) « Cet air froid en provenance de l'Arctique s'est introduit dans le nord de la Russie et a favorisé la formation d'un anticyclone thermique sur le continent. En tournant autour de lui, les vents s'orientent à l'Est, et ils ont alors propagé la vague de froid en direction des autres pays européens », explique Dominique Raspaud, ingénieur prévisionniste à Météo France. De plus, « la présence de neige au sol a favorisé et accentué le refroidissement », ajoute la spécialiste. (...)

En revanche, les températures sibériennes ne devraient pas toucher la France. Notre pays et les îles britanniques bénéficient en effet d'un climat plus océanique, et sont donc en général moins souvent concernés par ces offensives hivernales. Les températures ne devraient donc pas baisser d'une manière importante d'ici à la fin de la semaine. Météo France prévoit des températures minimales de -8°C dans le Nord-Est du pays, de -2 à -4°C dans la région parisienne et des gelées dans le Sud.

Notre continent n'est pas le seul à être frappé par des phénomènes météorologiques extrêmes. Le Japon a subi récemment des chutes de neige historiques, jamais vues depuis 1963. Mais, là encore, rien ne permet de relier cet événement au réchauffement climatique, indique Dominique Raspaud (...).

CHRISTIANE GALUS
Le Monde, 27.01.06

1. L'article parle... *1,5 points*

- ☐ du changement climatique en raison du refroidissement de la planète.
- ☐ de la vague de froid qui a touché l'Europe pendant cet hiver.
- ☐ d'une rencontre de météorologues sur le réchauffement de la planète.

2. Les spécialistes considèrent que cette situation... *1,5 points*

- ☐ est un événement extrêmement rare.
- ☐ a lieu régulièrement.
- ☐ se produira de plus en plus souvent.

3. Le froid sibérien est entré en Europe à cause des vents qui se sont orientés vers l'Est. *1,5 points*

- ☐ Vrai
- ☐ Faux
- ☐ On ne sait pas.

4. Complétez cette phrase : *2 points*

En 1987, il a fait .... à .... ; le ...., il a fait .... à Moscou.

Finalement, il n'avait jamais fait aussi froid au .... depuis 1963.

5. Citez deux conséquences du froid de l'hiver 2006 en Europe : *2 points*

....

....

6. Pourquoi la France ne devrait-elle pas être touchée par ce froid sibérien ? *1,5 points*

....

7. La Grande-Bretagne va elle aussi échapper à cette vague de froid. *1,5 points*

- ☐ Vrai
- ☐ Faux
- ☐ On ne sait pas.

8. Contrairement au phénomène européen, les spécialistes ont pu clairement établir le lien entre le froid extrême au Japon et le réchauffement de la planète. *1,5 points*

- ☐ Vrai
- ☐ Faux
- ☐ On ne sait pas.

Partie 3
PRODUCTION ÉCRITE
25 points

Rédigez un courrier des lecteurs

Après avoir lu l'article précédent, donnez votre opinion sur le changement climatique de la planète et les initiatives qui existent chez vous pour protéger l'environnement. Écrivez un courrier des lecteurs construit et cohérent sur ce sujet (160 à 180 mots).

Vous disposerez d'une feuille entière pour réaliser l'épreuve de production écrite le jour de l'examen.

Partie 4
PRODUCTION ORALE
25 points

Consignes

L'épreuve se déroule en trois parties qui s'enchaînent.
Elle dure de 10 à 15 minutes.
Pour la 3ème partie seulement, vous disposez de 10 minutes de préparation. Cette préparation a lieu avant le déroulement de l'ensemble de l'épreuve.

Entretien dirigé

Vous devez parler de vous, de vos activités, de vos centres d'intérêts, ainsi que de votre passé, de votre présent et de vos projets.

L'épreuve se déroule sur le mode d'un entretien avec l'examinateur qui amorcera le dialogue par une question (exemple : « *Bonjour... Pouvez-vous vous présenter, me parler de vous, de votre famille ?* »).

■ Exercice en interaction

Au choix par tirage au sort :

Sujet 1
Vous venez de vous acheter le tout dernier téléphone portable dont tout le monde parle. Vous le montrez à un/e ami/e qui, lui/elle, n'a toujours pas de portable. Vous essayez de le/la convaincre d'en acheter un. Le professeur joue le rôle de l'ami/e.

Sujet 2
Vous voulez sortir dans un restaurant indien, puis dans une discothèque de salsa avec un groupe d'amis. Vous aimeriez inviter aussi un/e nouveau/nouvelle collègue de bureau mais celui-ci/celle-ci n'est jamais allé/e dans un restaurant indien et déteste danser. Vous essayez de le/la convaincre de vous accompagner. Le professeur joue le rôle du/de la collègue de bureau.

■ Expression d'un point de vue à partir d'un document

Tirez au sort l'un des deux documents que vous présente l'examinateur.
Vous devez trouver le thème du document et présenter votre opinion sous la forme d'un exposé personnel de 3 minutes environ.
L'examinateur pourra vous poser quelques questions.

Au choix par tirage au sort :

Document 1
Un ancien milieu de terrain de l'Olympique de Marseille a récemment raconté aux journalistes ce qui s'est passé dans les vestiaires juste avant la finale de la Ligue des Champions.
Nous sommes le 23 mai 1993, l'OM s'oppose au Milan AC : « On nous a demandé de nous aligner à la queue leu leu pour recevoir une piqûre ». Cette injection aurait visé à améliorer leurs performances. Ainsi, la direction de l'OM aurait entrepris de doper ses joueurs pour s'assurer la victoire. Cette scène de footballeurs attendant la piqûre pourrait prêter à sourire si le sujet du dopage dans le sport n'était pas aussi grave. Ce jour-là, les supporters sont descendus par milliers dans les rues pour fêter la victoire du club marseillais !

Document 2
Trouver un emploi n'est pas simple. Avant, il suffisait de faire des études supérieures pour pouvoir être sûr qu'à la clé, il y aurait un emploi, et bien rémunéré. Alors, les jeunes se sont mis à étudier à tour de bras. Ils ont maintenant des Bac + 4 et le plus souvent des Bac + 5, +6, etc. Mais une fois les études finies, l'embauche tant espérée n'est que très rarement au rendez-vous. Diplômes en main, les jeunes se mettent à parcourir les petites annonces et ils sont prêts à partir à l'autre bout du monde. Seulement voilà, point d'embauche mais des stages – parfois rémunérés à... 250,00€ par mois, au mieux ; parfois un simple merci – où on demande à ces jeunes diplômés de mettre toutes leurs connaissances au service de l'entreprise. Et nous assistons ainsi à la précarisation de l'emploi et à la naissance de la stagiairisation. Un nouveau mot à associer à l'un des pires maux de notre temps : le chômage.

■

Partie 1
COMPRÉHENSION DE L'ORAL
25 points

■

■ Consignes

Vous allez entendre trois documents sonores correspondant à des situations différentes.
Pour le premier et le deuxième, vous aurez :
- *30 secondes pour lire les questions ;*
- *une première écoute, puis 30 secondes de pause pour commencer à répondre aux questions ;*
- *une deuxième écoute, puis 1 minute de pause pour compléter vos réponses.*

Répondez aux questions en cochant (☒) la bonne réponse ou en écrivant l'information demandée..

■ Document 1 — *6 points*

1. Ce document est... — *1 point*

- ☐ une information.
- ☐ une annonce publicitaire.
- ☐ un message institutionnel.

2. Ce document s'adresse... — *1 point*

- ☐ aux adolescents.
- ☐ aux adultes.
- ☐ à tout public.

3. On parle de... — *1 point*

- ☐ un livret d'épargne.
- ☐ un carnet de chèques.
- ☐ une carte de paiement.

4. Les personnes qui se renseigneront recevront... — *1 point*

....

....

5. En France, il y a environ... — *1 point*

- ☐ 50 agences.
- ☐ 150 agences.
- ☐ 250 agences.

6. Pour savoir où se trouve l'agence la plus proche, il faut... — *1 point*

....

....

■ Document 2 *6 points*

1. Ce document est... *1 point*

- ☐ un message institutionnel.
- ☐ une annonce publicitaire.
- ☐ une information.

2. Ce document est diffusé à l'occasion... *1 point*

- ☐ des soldes.
- ☐ de l'inauguration d'un nouveau magasin.
- ☐ de l'anniversaire d'un magasin.

3. Les dates entendues dans le document sont... *1 point*

- ☐ du 7 au 10 mars.
- ☐ du 14 au 20 mars.
- ☐ du 4 au 9 mars.

4. Dans quel rayon l'animateur se trouve-t-il ? *2 points*

....

....

5. Pour gagner un voyage à la Réunion, il faut... *1 point*

- ☐ répondre aux questions d'Éric.
- ☐ remplir un bulletin.
- ☐ avoir un ticket d'achat.

■ Document 3

13 points

Vous allez entendre un document sonore. Vous aurez tout d'abord 1 minute pour lire les questions, puis vous entendrez deux fois l'enregistrement avec une pause de 3 minutes entre les deux écoutes. Après la deuxième écoute, vous aurez encore 2 minutes pour compléter vos réponses.

Répondez aux questions, en cochant (☒) la bonne réponse ou en écrivant l'information demandée.

1. Sur quel thème ces personnes sont-elles interrogées ? *1 point*

....

2. Quelle est l'opinion de chaque personne interrogée ? *2 points*

	Pour le piratage	**Contre le piratage**
Personne 1		
Personne 2		
Personne 3		
Personne 4		

3. Parmi les personnes interrogées, plusieurs expliquent comment elles obtiennent des copies pirates. Citez deux de ces moyens : *2 points*

....

4. Le premier lycéen achète des CD et des DVD pirates mais n'en télécharge jamais. *1,5 points*

☐ Vrai
☐ Faux
☐ On ne sait pas.

5. Le deuxième lycéen ne pense pas que la loi résoudra le problème du piratage. *1,5 points*

☐ Vrai
☐ Faux
☐ On ne sait pas.

6. Le troisième lycéen espère un jour devenir musicien professionnel. *1,5 points*

☐ Vrai
☐ Faux
☐ On ne sait pas.

7. Quelle est la solution proposée par la jeune fille ? *1,5 points*

☐ Des disques moins chers dans les magasins.
☐ Un accès gratuit à la culture.
☐ Réaliser des contrôles pour garantir le respect de la loi.

8. Donnez un des arguments avancés par la jeune fille pour justifier son opinion. *2 points*

....

■

Partie 2
COMPRÉHENSION DES ÉCRITS
25 points

■

■ Exercice 1

10 points

Vous allez à l'anniversaire d'un ami qui fête ses 13 ans. Comme il adore lire, vous avez pensé lui offrir un livre. Ses goûts sont plutôt variés, mais vous savez qu'il aime les histoires d'aventures dont les personnages sont des jeunes comme lui, notamment quand ils partent à la recherche d'un trésor ou doivent élucider un mystère, mais il n'aime pas la science-fiction.

Résumé 1

L'été 2001, Heller parcourt avec son VTT les rues de New York, ville qu'il connaît par cœur. Heller est un adolescent suffisamment mûr pour être conscient des injustices de ce monde. Après le lycée, il travaille pour une entreprise de messagerie et il est chargé de porter les mauvaises nouvelles. Mais il le fait d'une telle façon que les destinataires de ces nouvelles, la plupart des immigrés russes, indiens ou chiliens, reconnaissent en lui le messager de l'espoir.

Résumé 2

Jérôme a contracté une maladie rare ou plutôt rarissime, car il serait le seul cas connu au monde. Tenez-vous bien, il a attrapé un virus informatique. Oui, vous avez bien lu ! Un virus informatique. Il est poursuivi par les Américains, obsédés par son cas. Comment va-t-il s'y prendre pour se débarrasser du virus ? Jérôme réussit à fuir grâce à l'aide de Léa. Les héros seront pourchassés par d'étranges appareils. Un récit de science-fiction à la frontière de la réalité.

Résumé 3

Suzie, 15 ans, et Louis, son père, forment le cœur du Troisième Œil, une agence de détectives privés spécialisée dans la résolution de crimes dont la police a fermé le dossier. C'est ainsi que Louis et Suzie se lancent à la poursuite des cambrioleurs qui ont dérobé les joyaux de la couronne de Notre-Dame-du-Phare, dont la pièce la plus convoitée est une superbe émeraude, l'Œil de Colomb. Un itinéraire qui va de surprise en surprise, une route parsemée d'embûches et de dangers, des aventures pleines d'action et de rebondissements, bref une enquête passionnante, à suivre absolument.

Résumé 4

C'est l'histoire d'une jeune adolescente un peu grassouillette qui possède un journal. Pas n'importe lequel : son journal lui permet de voyager dans le futur. Elle apprendra à se servir de son don qui lui apportera bien des malheurs et des mésaventures !

1. Pour chacune des propositions, mettez une croix à chaque fois qu'elle correspond à vos critères (10 croix maximum).

	Proposition 1	Proposition 2	Proposition 3	Proposition 4
Résumé 1				
Résumé 2				
Résumé 3				
Résumé 4				

2. Finalement, parmi ces quatre résumés, lequel vous paraît convenir le mieux comme cadeau d'anniversaire ? ....

■ Exercice 2

15 points

Lisez le texte ci-dessous, puis répondez aux questions en cochant la bonne réponse ou en écrivant l'information démandée.

Les blogs et les forums de nos voisins d'outre Pyrénées ne parlent plus que de ça depuis quelque temps. Il s'agit de la dernière publicité qui marque les esprits en raison de l'histoire qu'elle raconte : des canards en plastique que les courants ont portés depuis l'autre bout du monde sont apparus sur les rives du nord de l'Écosse. Cette aventure de palmipèdes en plastique n'est pas un recours publicitaire mais, comme le montrent ces internautes, une histoire qui s'avère être bien réelle.

L'aventure commence en 1992. Un cargo transcontinental qui était parti de Hong-Kong est pris dans une violente tempête alors qu'il se trouvait au beau milieu du Pacifique. Ses containeurs ont été violemment secoués et sont tombés à l'eau. Ils se sont alors ouverts et leur charge s'est « libérée » : des canards en plastique par milliers ont alors commencé un long voyage au hasard des courants avant d'atteindre les côtes européennes.

Cette histoire ne fait pas seulement sourire. Elle a été prise très au sérieux par une équipe de scientifiques américains qui a décidé de se servir de ces anatidés –qui n'ont pas perdu leurs plumes, mais leur couleur puisqu'ils sont dorénavant tout blancs– pour mieux comprendre le phénomène des courants marins à partir de l'observation des canards et des milliers d'autres objets qui sont livrés à la mer lors d'accidents maritimes. On ne dénombre plus les quantités de chaussures, de canettes de bière, de gants de hockey, de pièces Lego, etc. qui naviguent sur les océans du monde.

D'autres scientifiques sourient et affirment que cette étude peut être plaisante, mais n'apportera rien de plus que ce que les satellites et autres instruments de mesure fournissent.

1. Cet article rapporte l'histoire de canards en plastique qui ont traversé des océans. *2 points*

- ☐ Vrai
- ☐ Faux
- ☐ On ne sait pas.

2. Retrouvez dans le texte deux mots qui désignent un « canard ». *2 points*

....

....

3. L'intérêt pour cette histoire est très vif chez les internautes français ? *2 points*

- ☐ Vrai
- ☐ Faux
- ☐ On ne sait pas.

4. Le cargo qui transportait les containeurs remplis de canards en plastique a fait naufrage. *2 points*

- ☐ Vrai
- ☐ Faux
- ☐ On ne sait pas.

5. Ces canards permettent aux scientifiques d'étudier... *2 points*

- ☐ la longévité de la peinture sur le plastique.
- ☐ les courants marins.
- ☐ les causes des naufrages en mer.

6. Citez deux autres objets qui naviguent d'océan en océan. *2 points*

....

....

7. Est-ce que tous les scientifiques partagent l'enthousiasme de cette équipe américaine ? *3 points*

- ☐ Oui
- ☐ Non

Pourquoi ?

....

....

Partie 3
PRODUCTION ÉCRITE
25 points

Concours littéraire

Un magazine français lance un concours sur le thème « Raconte-nous 2050 ». Les participants doivent rédiger un texte dans lequel ils doivent décrire la vie sur Terre en 2050, telle qu'ils l'imaginent. Les meilleures productions seront publiées sur le site Internet de la revue. Vous décidez de participer à ce concours. Rédigez un texte cohérent d'environ 180 mots.

Vous disposerez d'une feuille entière pour réaliser l'épreuve de production écrite le jour de l'examen.

Partie 4
PRODUCTION ORALE
25 points

Consignes

L'épreuve se déroule en trois parties qui s'enchaînent.
Elle dure de 10 à 15 minutes.
Pour la 3ème partie seulement, vous disposez de 10 minutes de préparation. Cette préparation a lieu avant le déroulement de l'ensemble de l'épreuve.

Entretien dirigé

Vous devez parler de vous, de vos activités, de vos centres d'intérêts, ainsi que de votre passé, de votre présent et de vos projets.

L'épreuve se déroule sur le mode d'un entretien avec l'examinateur qui amorcera le dialogue par une question (exemple : « *Bonjour… Pouvez-vous vous présenter, me parler de vous, de votre famille ?* »).

Exercice en interaction

Au choix par tirage au sort :

Sujet 1
Vous allez au concert de votre groupe préféré et vous proposez à un/e ami/e de vous accompagner. Ce/Cette dernier/ère refuse car il/elle ne connaît rien à ce genre de musique. Vous essayez de le/la convaincre. L'examinateur joue le rôle de l'ami/e.

Sujet 2
Rien de tel que de circuler en rollers en ville. C'est rapide et pratique. Vous adorez ce moyen de transport que vous utilisez habituellement. Vous proposez à un/e ami/e de venir avec vous dans les rues de la ville. Celui-ci/celle-ci refuse, prétextant que c'est dangereux pour tout le monde. Essayez de le/la faire changer d'avis. L'examinateur joue le rôle de l'ami/e.

Expression d'un point de vue à partir d'un document

Tirez au sort l'un des deux documents que vous présente l'examinateur.
Vous devez trouver le thème du document et présenter votre opinion sous la forme d'un exposé personnel de 3 minutes environ.
L'examinateur pourra vous poser quelques questions.

Au choix par tirage au sort :

Document 1

Magazines, journaux, télévision, jeux vidéos... on le retrouve partout. Quoi s'agit-i ? Du sudoku, bien entendu ! Difficile de passer à côté.
Il existe actuellement un véritable débat sur l'origine de ce jeu. Certains affirment que ce jeu de logique n'est pas japonais mais... suisse ! Il aurait été inventé au XVIIIe S. par un certain monsieur Euler, qui était mathématicien. Ce qui est sûr, c'est qu'il est devenu vraiment populaire aux États-Unis dans les années 70 du siècle dernier. Pour y jouer, ce n'est pas très difficile : une grille de sudoku comporte en général 9 carrés de 3x3 cases. Le but du jeu consiste à compléter la grille pour que chaque ligne, chaque colonne et chaque carré contiennent tous les chiffres de 1 à 9, mais une seule fois !
C'est un jeu qui demande de la patience et un peu de logique.
Depuis un an, le sudoku connaît un énorme succès en Europe. En France, il est arrivé pendant l'été 2005 et depuis, il fait fureur. On a déjà organisé les premiers championnats nationaux en décembre et il est même question d'un championnat du monde.

Document 2

Depuis quelque temps, certaines écoles du Québec veulent imposer l'uniforme à leurs étudiants. Les adolescents réagissent, comme Audrey qui écrit que « ... toute votre enfance probablement vous avez entendu dire que chacun est unique ! N'est-ce pas justement le contraire de s'habiller tous de la même façon? Le port de l'uniforme obligatoire empêche justement un jeune comme vous et moi d'exprimer sa vraie personnalité et son caractère ! ». Beaucoup considèrent que les obliger à s'habiller de la même façon est une atteinte à leur liberté d'expression.

Les clés du nouveau DELF B1

Auteurs
Emmanuel Godard
Philippe Liria
Marion Mistichelli
Jean-Paul Sigé

Conseils pédagogiques
A. Garmendia

Coordination éditoriale
E. Lázaro

Conception graphique et couverture
Inspira (David Portillo et Nuria París)

Illustration
P. Lüthi et D. Revilla

Enregistrements
Voix : Aurélie Carré, Katia Coppola, Valérie Espinasse, Emmanuel Godard, Philippe Liria, Eulàlia Mata, Jean-Paul Sigé
Studio d'enregistrement : CYO Studios

© Photographies et images
Unité 1 p. 5 pipo ; p. 6 AFP ; p. 8 *Le nouvel Observateur, LIRE* ; p. 9 Hilary Quinn (balle de tennis), AFP (R. Virenque, M. Mauresmo) ; p. 10 Fleur Suijten ; p. 23 David Forster ; **Unité 2** p. 25 Boris Peterka ; p. 26 Lucasz Ociepka ; p. 27 Patti Gray (amis), Shawn Himmelberger (garçon blond), Sarunas Mikelevicius (garçon), Tom Denham (fille), Olga Abolinya (petite fille) ; p. 29 Fredrik Berglund ; p. 30 David Duncan (microscopie), Tijmen van Dobbenburgh (seringue), Murat Cokal (enfants) ; p. 31 Lucasz G., Michael Illuchine ; **Unité 3** p. 45 mön ; p. 47 Alexander Daucik ; p. 48 Winand van Niekerk ; p. 50 Rossen Ianev (Montréal), M. Daveau (Bamako) ; p. 52 Giles van Leeuwen ; p. 54 Sandor Pinter ; p. 55 Jean-Marc Labbe ; p. 56 www.routard.com ; p. 59 Luiz Baltar (plongeur), Philippe Liria (festival) ; p. 60 Rodrigo Ferreira ; p. 61 Keppens Toon ; **Unité 4** p. 65 Ratko Gregor Jagodic ; p. 66 Tijmen van Dobbenburgh (cœur), Tracy R. Olson (billet), Daniel Wildman (ABC), Heather Haislet (couple) ; p. 69 Lieven Volckaert ; p. 71 Nick Cowie ; p. 75 Markus Biehal ; **Unité 5** p. 85 Marcelo Moura ; p. 87 Víctor López (immeuble), Sergio Ianni (ampoule) ; p. 94 M. Proebster ; p. 95 Simon Cataudo ; p. 96 Vullioud Pierre-André ; p. 97 Karl-Erik Bennion ; p. 104 Helen Humphrey ; **Examen 1** p. 114 Daniel Díaz ; **Examen 2** p. 121 Marco Müller ; p. 122 Jan Roger Johannesen (petit GPS), Dirk de Kegel (GPS) ; **Examen 3** p. 127 Hervé de Brabandère ; p. 129 HortonGroup ; p. 130 Julen Larruskain ; **Examen 4** p. 137 Steve Ford Elliott (hommes), Carien van Hest (jeunes à vélo), Christian Hubatsch (coquille) ; p. 140 Lotus Head (couple), Marcel Herber (gare), Zelenyak Zoltan (grand-mère), Vicky S. (recyclage) ; **Examen 5** p. 146 Valeruj Zhugan ; **Examen 6** p. 153 Antony Ruggiero ; p. 154 Caroline van Dijk.

Remerciements
Yann Gilbert (*Le nouvel Observateur*), Sabine Dard (LIRE), Richard Bossuet (TV5)

Réimpression : juillet 2013

ISBN édition internationale 978-84-8443-356-9
D.L. : B-19760-2012

Imprimé dans l'UE

éditions maison des langues
www.emdl.fr